82
62

Petite Bibliothèque du Voyageur en Algérie

GUIDE A ALGER

ALGER

ET SES ENVIRONS

EN 1863

ALGER

TISSIER, LIBRAIRE-ÉDITEUR

Rue Bab-El-Oued.

GUIDE A ALGER

ALGER ET SES ENVIRONS

PETITE BIBLIOTHÈQUE DU VOYAGEUR EN ALGÉRIE

GUIDE A ALGER

ALGER ET SES ENVIRONS

Vade-Mecum-Indicateur

CONTENANT.

1° La description exacte et complète de la Ville d'Alger :
Port, Rues, Places, Passages, Bazars, Promenades, Palais, Edifices ,
publics, Eglises, Temple, Mosquées, Synagogues, Théâtre, Monuments
divers. — Un Guide pour visiter le Musée, la Bibliothèque, l'Exposition
permanente des produits de l'Algérie. — L'Itinéraire descriptif, historique et
archéologique des environs d'Alger, avec l'indication des Voitures, Chemins
de fer, et prix des places pour s'y rendre. — L'Itinéraire descriptif,
historique et archéologique du Chemin de fer d'Alger à Blidah.
Un Vocabulaire arabe.

2° Le Calendrier. — L'INDICATEUR DE LA VILLE D'ALGER : le tableau
alphabétique des Rues, Places, Passages, etc., — les adresses des
Bureaux des diverses Administrations civiles et militaires ; — les jours et
heures de départ des Courriers, le service des Paquebots de la Méditerranée,
— les tarifs du Chemin de fer d'Alger à Blidah ; — les bureaux des Lignes
Télégraphiques avec les tarifs des Dépêches ; — les stations et tarifs
des Voitures de place et des Corricolos-Omnibus ; — le corps
Consulaire ; — les adresses des Officiers ministériels,
Avocats, Médecins, Banquiers ;
enfin, la liste des Maisons recommandées, Hôtels, Cafés, Fournisseurs divers,
etc., etc.

ALGER
TISSIER, LIBRAIRE-ÉDITEUR, RUE BAB-EL-OUED.

1863

Alger. Imp. Ed. BALME et C°.

TABLE ANALYTIQUE

—

2ᵉ Partie.

Nota. Après onze heures du soir, le prix de l'heure et de
la course est augmenté de moitié. Toutefois, cette disposition n'est pas applicable au voitures commandées
pour le service du théâtre.

NOTES

RECTIFICATIVES ET COMPLÉMENTAIRES.

BEN-AKNOUN (*page* 82). Le P. Brumauld, ancien fondateur et directeur des orphelinats de Ben-Aknoun et de Boufarik, est mort dans le mois d'août dernier, à Mende, où il était investi des modestes fonctions de principal du collége.

BLIDAH (*page* 107). La diligence de Blidah, par Douéra, part à 5 heures 1/2 du matin, place du Gouvernement, café Olivier.

TIXERAÏM (*page* 91). — Lire : *Tixeraïn* au lieu de *Tixeraïm*.

MUSTAPHA-INFÉRIEUR (*page* 92). A droite du marché aux bestiaux est un chemin qui monte à Birkadem. Si, après avoir passé la *Fontaine bleue*, on prend à gauche, on trouve une ancienne voie romaine dont, suivant l'expression de M. Ch. Desprez, le charmant auteur d'*Alger l'Été*, certains endroits recouverts d'un berceau de lentsiques, ressemblent à des tunnels.

SIDI-FERRUCH (*page* 73). S. Exc. le Maréchal duc de Malakoff, Gouverneur général de l'Algérie, prit part à l'expédition d'Alger comme capitaine d'état-major attaché à l'état-major général de l'armée expéditionnaire.

Un Mémoire publié cette année, à Alger, sans nom d'auteur, mais dont le style et la netteté trahissent chez l'écrivain la vigueur, la décision et l'autorité du jugement, mémoire que l'on a unanimement attribué au duc de Malakoff « donne un tableau clair et exact de la grande entreprise qui jeta un rayon de gloire sur les derniers jours de la Restauration, introduisit la civilisation dans le nord de l'Afrique et dota la France d'un nouvel empire. »

Les limites de notre cadre ne nous permettant pas de reproduire tous les traits saillants de ce remarquable document, nous nous bornons à mettre sous les yeux de nos lecteurs les deux portraits que l'auteur fait des chefs de l'expédition : le maréchal de Bourmont et l'amiral Duperré.

« M. de Bourmont, célèbre surtout par sa défection de 1815, avait combattu dans la Vendée, puis dans les armées impériales. Personne ne lui contestait une grande bravoure, un esprit fin, délié et juste. A cinquante ans, il conservait une figure agréable, des manières affables et gracieuses ; sa conversation était pleine d'agrément, mais il se livrait trop au plaisir de causer, de raconter surtout, et ce défaut, joint à une paresse excessive, lui faisait souvent perdre un temps précieux. Se levant tard, sortant fort peu, il était presque inabordable pour les officiers de l'armée. Une vie aventureuse, le goût des plaisirs et du jeu l'avaient mis en relation avec une foule d'intrigants et de gens sans probité comme sans talents. Il ne sut jamais éloigner de lui cet entourage qui, dans l'armée comme dans toute la France, excitait une défiance qui rejaillissait, peut-être à tort, sur le général lui-même.

« Parvenu aux plus hauts grades par son intrépidité et par de brillants faits d'armes, M. Duperré a conservé toute la rudesse d'un matelot. Sa figure, entourée de cheveux épais et bouclés, a quelque chose de la face du lion. Tout chez lui annonce la force et semble fait pour inspirer la crainte. Plus aimé des subalternes que de ceux qui se trouvent en contact avec lui, il est redouté de tous. Sombre, silencieux, il cache sous des formes rudes et grossières, beaucoup de finesse et d'esprit de conduite. Dans la campagne de 1830, il montra une timidité qui contraste avec tout le reste de sa vie. La responsabilité d'une si grande entreprise semble une explication suffisante de sa conduite. Mais l'armée, fatiguée par les retards avant le débarquement, irritée plus tard par les pertes que lui causèrent les précautions excessives de la marine, blessée dans son honneur par des rapports mensongers, chercha dans les opinions politiques de l'amiral l'explication de ce changement inattendu. Elle crut généralement que M. Duperré désirait *peu* le succès de l'entreprise, et que, surtout, il avait retardé le débarquement pour faire manquer le premier but de l'expédition. »

Voilà, ainsi que le faisait remarquer le *Courrier de l'Algérie*, dans un intéressant compte-rendu auquel nous empruntons ces citations, deux portraits excellents. « Ce qu'il y a de certain, c'est que l'amiral était mal disposé, par hostilité politique, et qu'il se montra ou tiède ou timide. Dans cette campagne, le transfuge de 1815 fit mieux son devoir que le héros des mers de l'Inde. »

La flotte se contenta, pour faire diversion, de canonner les forts qui défendaient le front de mer. « L'estimation faite des dégâts causés par cette formidable canonnade s'est élevée à 30 fr. 50 c. »

Pour compléter ces détails et ceux que nous avons donnés plus loin sur le débarquement (page 73), nous ajouterons que le premier chaland qui aborda sur la plage de Sidi-Ferruch, 13 juin 1830, portait une compagnie de voltigeurs du 37° de ligne, commandée par le capitaine Behaghel (nommé général en 1852). C'est cette compagnie qui, débarquée la première, dispersa les premiers cavaliers arabes qui se montrèrent sur la plage, s'avançant au galop, s'arrêtant court, tirant et fuyant de toute la vitesse de leurs chevaux. « C'était, comme dit le *Courrier de l'Algérie*, la guerre d'Afrique qui commençait. »

L'ALGÉRIE PHOTOGRAPHIÉE

Par M. MOULIN.

Nous recommandons tout spécialement aux touristes cette pnblication éminemment nationale, destinée à populariser l'Algérie, et entreprise sous les auspices de S. Exc. le Maréchal Comte Randon, avec le concours des commandants supérieur et des bureaux arabes.

Les livres ne font jamais connaître suffisamment un pays; la photographie, qui prend littéralement la nature sur le fait, nous permet de nous transporter par la pensée sur les lieux mêmes et de saisir les plus minutieux détails du paysage ou du monument qu'elle met sous nos yeux. Quand on a étudié l'*Algérie photographiée* de M. Moulin, on a vu toutes les principales villes, les ruines romaines, les oasis, les sites pittoresques, les types les plus curieux de ce pays, on connaît l'Algérie. Le travail de M. Moulin, fruit de dix-huit mois d'excursions pénibles et difficiles poussées jusqu'aux extrêmes limites de la colonie, est aussi complet que remarquable sous le rapport de l'exécution ; chacune de ses photographies a un cachet artistique qui n'appartient qu'à lui et assure à ses productions le premier rang parmi les publications de ce genre. Nous croyons rendre un véritable service aux touristes en leur signalant cette belle collection, dont les différents sujets, paysages, ruines, villes. costumes, scènes arabes, se vendent séparément, ce qui permet à chacun de de se composer un album selon son goût.

Le seul dépôt des photographies de M. Moulin est chez M. Tissier, libraire, rue Bab-el-Oued et galerie Malakoff.

RENSEIGNEMENTS GÉNÉRAUX

SERVICES MARITIMES
DES MESSAGERIES IMPÉRIALES

Paquebots-Postes de la Méditerranée

TRANSPORTS des VOYAGEURS et des MARCHANDISES

SERVICE DES POSTES ET DE LA GUERRE

PAQUEBOTS DE LA MÉDITERRANÉE

LIGNE D'ALGER A MARSEILLE

Départs d'Alger et de Marseille : les Mardi et Samedi.
Arrivées à Alger et à Marseille : les Lundi et Jeudi.

LIGNE D'ORAN PAR VALENCE

Départ de Marseille : le Mercredi, à 4 heures du soir.
Arrivée à Valence : le Vendredi, à 7 h. du matin.
Arrivée à Oran : le Samedi à 2 h. du soir.
Départ d'Oran : le Mercredi, à 10 h. du matin.
Arrivée à Valence : le Jeudi, à 2 h du soir.
Arrivée à Marseille : le Samedi, à 8 h. du matin.

LIGNE DE TUNIS PAR STORA ET BONE

Départ de Marseille : le Vendredi, à midi.
Arrivée à Stora : le Dimanche, à 4 h. du soir.
Arrivée à Bône : le Mercredi, à 1 h. du matin.
Arrivée à Tunis : le Jeudi, à 9 h. du matin.
Départ de Tunis : le Dimanche, à midi.
Arrivée à Bône : le Lundi, à 9 h. du matin.
Arrivée à Stora : le Mardi, à 1 h. du matin.
Arrivée à Marseille : le Vendredi, à 4 h. du soir.

BUREAUX:

ALGER, *Quai de la Pêcherie*,
MARSEILLE, *Rue Canebière,* 25.

GUIDE A ALGER

RENSEIGNEMENTS GÉNÉRAUX.

PAQUEBOTS DES MESSAGERIES IMPÉRIALES. Le *Prix des Passages* est ainsi fixé :

DESTINATION.	1re CLASSE	2e CLASSE	3e CLASSE
Alger....................	95 fr.	71 fr.	27 fr.
Oran.....................	143	113	52
Philippeville ou Stora....	118	93	32
Bône.....................	133	103	37
Tunis....................	148	118	57

Transport des Bagages.

Les voyageurs de 1re classe jouissent d'une franchise de 100 kil.

2e	—	60
3e	—	30

Les excédants se paient à raison de 10 francs les 100 kil.

CANOTIERS. Tarif : par personne 0,30 ; par malle 0,20 ; par colis 0,20 ; par sac d'argent 0,20 ; pour aller au stationnaire 0,50. Au-delà du stationnaire le prix se règle de gré à gré. Chaque quart d'heure de retenue à bord donne au batelier droit à 0,15. Si la retenue a lieu à bord d'un courrier, pendant l'embarquement et le débarquement des voyageurs, le prix sera réglé de gré à gré.

PORTEFAIX. On donne à un enfant qui porte un paquet. 0,10 ; à un homme, 0,25 ; pour une malle jusqu'à la place du Gouvernement 0,50; au-delà on donne suivant le poids du colis et la longueur du parcours

Voitures de place. Voir le tarif à la page 28 de l'*Indicateur*, 2e partie du Guide.

Corricolos-Omnibus. Voir le tarif à la page 27 de l'*Indicateur*, 2e partie du Guide. Les heures des départs et les lieux de stationnement des voitures, pour chaque localité, sont indiqués à la fin de la notice consacrée à cette localité, dans la description des environs d'Alger.

Chemin de fer d'Alger à Blidah. Voir ci-après page 25 de l'*Indicateur*, 2e partie du Guide.

Postes. Voir les heures de départ des courriers, page 24 de l'*Indicateur*.

La dernière levée pour le courrier de France est faite à onze heures du matin, mais une boîte supplémentaire posée à bord du vapeur en partance reçoit les dépêches jusqu'à midi moins un quart.

Service des bureaux. La distribution des lettres poste restante et la vente des timbres-poste ont lieu sans interruption de 7 h. du matin à 6 heures du soir. A l'arrivée de tous les courriers de France, les bureaux sont fermés pendant le triage des dépêches et la distribution a lieu immédiatement après au guichet.

Le bureau pour le paiement des mandats est ouvert tous les jours, dimanches et fêtes exceptés, de 8 à 10 heures du matin et de midi à 5 heures du soir.

Distributions. En dehors des distributions extraordinaires qui ont lieu aussitôt après le triage des dépêches, il y a chaque jour trois distributions : la première à 9 h. du matin ; la seconde à 4 h. ; la troisième à 7 h. du soir.

Trésor. Les bureaux du Trésor sont ouverts au public (fêtes et dimanches exceptés), de 8 heures du matin à 10 heures, et de midi à 4 heures pour les paiements, et jusqu'à 3 heures seulement pour les versements et la délivrance des traites.

Les personnes qui ont à prendre des traites sont tenues de se munir d'un bulletin écrit à l'encre et contenant l'indication de la somme versée, les coupures de traites, l'ordre et le nom de la place sur laquelle elles ont à faire leur remise, soit à Paris, soit à Marseille.

TÉLÉGRAPHIE. Voir ci-après, p. 25 de l'*Indicateur*, 2e partie du Guide.

CERCLES. *Cercle d'Alger*, Place du Gouvernement ; entrée Galerie Duchassaing.

Cercle du Commerce, Place du Gouvernement, entrée Passage du Commerce.

Cercle de la Nouvelle-France, Place du Gouvernement, au-dessus du café d'Apollon.

THÉATRE, Place Bresson. Représentations les mardi, jeudi, samedi, dimanche.

Prix des places prises au bureau :

Loge de balcon, 4 places............	13 f.	20
Baignoire de pourtour, 4 places.......	11	»»
Loge de première, 4 places..........	8	80
— de seconde, 4 places............	6	60
Fauteuil d'orchestre, numéroté.......	3	30
— de balcon, numéroté........	2	75
Stalle d'orchestre , numérotée........	2	75
— de première galerie...........	2	30
Parterre....................	1	25
Amphithéâtre des secondes...........	1	10
Troisièmes....................	»	55

Par place louée à l'avance, 55 centimes en plus.

JOURNAUX et REVUES de la Province d'Alger.

Moniteur de l'Algérie. Journal officiel paraissant les mardi, jeudi, samedi, dimanche, — Prix de l'abonnement : 3 mois, 6 francs. Bureaux, rue Charles-Quint, 5.

Akhbar, Journal de l'Algérie paraissant les mardi, jeudi, vendredi, dimanche. — Prix de l'abonnement : 3 mois, 7 fr. — Bureaux, rue des Trois-Couleurs, 19.

Courrier de l'Algérie. Journal des intérêts coloniaux. — Paraissant les mardi, mercredi, vendredi, dimanche. — Prix de l'abonnement : 3 mois, 8 fr. — Bureaux rue de l'État-Major, 5.

La Mitidja, journal de l'arrondissement de Blidah, paraissant une fois par semaine.

Revue africaine, journal des travaux de la Société historique algérienne, paraissant tous les deux mois, par cahier de 5 feuilles au moins. Le prix de l'abonnement pour les personnes étrangères à la Société est de 14 fr. par an. Un numéro pris isolément se vend 2 fr. 50. — Bureaux, librairie Bastide.

Revue agricole et horticole de l'Algérie, organe des associations et des intérêts agricoles, paraissant le 25 de chaque mois. — 12 francs par an. — Bureaux, rue du Commerce, 7.

Bulletin de la Société d'Agriculture, paraissant tous les 3 mois. — 9 francs par an. Un numéro pris isolément se vend 1 fr. 50. — Bureaux, librairie Bastide.

Gazette médicale de l'Algérie, paraissant tous les mois. — 12 f. par an. — Bureaux, rue Bruce, 7.

Journal de la Jurisprudence de la Cour impériale d'Alger, paraissant tous les deux mois. — Abonnement, 20 fr. par an. — Bureaux, librairie Tissier.

HYGIÈNE.

Malgré tous préjugés contraires, le climat de l'Algérie est un des plus beaux, des plus agréables, des plus sains qui existent sur la terre; mais l'échelle des variations diurnes étant très étendue et la continuité de la chaleur prédisposant à certaines affections, il est indispensable de se soumettre à quelques précautions hygiéniques. Nous ne pouvons mieux faire que de mettre sous les yeux des lecteurs du Guide quelques-uns des sages et utiles conseils que M. le docteur A. Frison, professeur de pathologie externe à l'école de médecine d'Alger, donne aux nouveaux arrivants, touristes et colons.

« Chaque jour la température baisse vers les trois ou quatre heures de l'après-midi, d'une manière plus sensible encore pour l'organisme que pour le thermomètre. Il est nécessaire, pour éviter les dérangements d'entrailles, d'être plus couvert à cette heure de la journée. En toute saison, l'oubli de cette recommandation a ses dangers.

« Pendant l'hiver, la beauté proverbiale du soleil d'Afrique séduit et entraîne le nouvel arrivant qui se complaît des heures entières à se chauffer à ses rayons. C'est un plaisir qu'il ne faut prendre qu'en se promenant et en songeant que l'ombre est froide, si on ne veut payer d'un rhume de poitrine ou d'un point de côté le bonheur de se sentir renaître. Une coiffure à larges bords, qui abrite la tête et le cou, rend le danger moins imminent. »

« A peine a-t-on respiré l'air d'Afrique que l'appétit augmente ; il est sage de ne pas le satisfaire entièrement et de rester un peu sur sa faim. Ce phénomène, de courte durée en général, est souvent remplacé par une certaine paresse du tube digestif. C'est alors qu'une nourriture légèrement excitante est avantageuse. Les gens du Nord feront bien d'avoir une cuisine plus épicée. »

« Une maladie que l'on rencontre assez fréquemment en Algérie et dont l'imprévoyance seule est la cause, c'est la diarrhée. Evitez les refroidissements brusques, si faciles surtout lorsque le corps est couvert de sueur, l'abus des fruits aqueux, l'usage de l'eau pure ou de mauvaise qualité, et vous n'aurez rien à craindre de cette affection si redoutée. En cas d'accident, mettez sur le ventre une ceinture de flanelle ; abstenez-vous de fruits, mangez un peu moins à chaque repas et buvez dans la journée de l'eau de riz ou mieux de l'eau albumineuse que l'on prépare en délayant dans un litre d'eau froide quatre ou cinq blancs d'œufs. Si la diarrhée n'a pas cédé en deux ou trois jours, et surtout si elle s'accompagne d'un peu de sang, il faut consulter un médecin. »

Vêtements. « L'été, alors que les transpirations sont abondantes, il faut savoir que les vêtements de toile sont toujours dangereux, à cause du refroidissement brusque auquel ils exposent le corps. Les habits de laine ou de coton sont les plus convenables. Cependant on peut tolérer la toile dans le milieu du jour, à la condition qu'on prendra le soir des vêtements plus chauds. La coiffure doit avoir des bords assez larges pour garantir complètement la nuque de l'action directe de la lumière solaire : c'est vouloir compromettre sa santé que de négliger ces conseils. »

Boissons. « On peut dire d'une manière générale que les boissons fortement alcoolisées, même prises en mangeant, sont nuisibles ; car il est difficile de garder une sage mesure dans un pays où les chaleurs activent la soif. Un précepte dont il faut se souvenir, c'est que la modération en France est déjà un excès en Algérie. En dehors des repas, il faut boire le moins possible. Le choix des boissons ne doit pas être indifférent. Un usage vulgaire veut qu'on coupe l'eau avec de l'eau-de-vie ou de l'absinthe ; on arrive ainsi, à la fin de la journée, à avoir bu, à petite dose, il est vrai, une assez forte proportion de ces liqueurs, ce qui est pernicieux. Pendant les repas, comme dans l'intervalle, le vin coupé d'eau ou le café noir étendu sont de beaucoup préférables. Mais la bière est une boisson détestable pour l'Algérie : elle rafraîchit, c'est possible, mais elle coupe l'appétit, rend le tube digestif paresseux et donne bien vite la pituite. Plus que toute boisson, la bière éveille le besoin de fumer, cette triste conquête de notre époque.

« Les boissons doivent être faiblement alcoolisées et légèrement piquantes. Voici une formule qui commence à se répandre : Faire fermenter dans 20 litres d'eau 1,200 grammes de figues coupées ou de raisins secs ou de pommes sèches, en parfumant avec un peu de canelle ou de sauge ou de menthe, etc. Il suffit de laisser le mélange fermenter pendant trois jours. A ce mélange on ne peut adresser qu'un seul reproche, c'est que, continué pendant longtemps, il rend paresseuses les fonctions digestives, comme le font les eaux de Seltz. »

Bains. — « En général, dit Montaigne, j'estime le baigner salubre et crois que nous encourons nos légières incommoditez en notre santé, pour avoir perdu cette coustume ». — « Le bain est, en effet, un des grands modificateurs de l'économie, car son action ne se borne pas à la surface de la peau. Les habitants du littoral ont à leur disposition les bains de mer ; mais il faut qu'ils sachent que les eaux de la Méditerranée ont une action moins efficace que celles de l'Océan et de la Manche, infériorité qu'elles doivent surtout à leur température plus élevée. D'un autre côté, elles sont plus riches en matières salines. C'est ainsi que sur 100 parties d'eau, la Méditerranée contient 4,1 de matières salines, tandis que l'Océan atlantique n'en contient que 3,8, la Manche 3,6, la Baltique de 1,6 à 2,2. Cette composition les rend plus irritantes, aussi faut-il, en général, ne rester que peu de temps dans le bain, — 5 à 10 minutes environ.

« Les principales villes possèdent des bains français et des bains maures. En tout temps, le bain tiède doit être préféré. Nous ne partageons pas pour les bains maures l'enthousiasme de beaucoup d'écrivains. Ce ne sont, en réalité, que des bains énervants, sensuels, incompatibles avec nos mœurs et notre caractère. Il faut les réserver pour les malades.

« Nous conseillons de prendre des bains froids ou tièdes le plus souvent possible, et, pendant les chaleurs de l'été, nous recommandons les ablutions d'eau froide matin et soir. »

Fièvres intermittentes. — « En Algérie comme en France, comme dans tous les pays du globe, existent des foyers d'infection paludéenne dont il faut éviter de subir l'influence. On se trouvera bien de ne jamais sortir le matin à jeun.

« Dès qu'un accès apparaît, il faut avoir recours au sulfate de quinine, le prendre tous les jours, qu'on ait ou non la fièvre, et le continuer une semaine environ après que le dernier accès a disparu. »

Ressources que l'Algérie offre aux malades. — « Le climat de l'Algérie est utile aux poitrines délicates, aux phthisiques qu'il modifie si avantageusement, surtout lorsqu'ils arrivent au début de leur affection; aux scrofuleux, aux lymphatiques, dont il change en quelque sorte la constitution, enfin aux rhumatisants. »

(Extrait de la *Géographie de l'Algérie*, par FILLIAS.

HISTOIRE

Depuis le jour où, d'après la légende, les vingt compagnons d'Hercule le Lybien fondèrent le hameau d'*Icosium* (*Eïkosi*, vingt), dont les Romains firent la capitale de la Mauritanie Césarienne, jusqu'au jour où Barberousse établit dans cette cité, relevée par les Berbères après avoir été détruite par les Vandales, le siége de sa domination, bien des siècles se sont écoulés pendant lesquels le nom obscur d'Alger (*El Djezaïr*) a été éclipsé par ceux de Bougie, de Cherchell, d'Oran. Sa destinée politique commence au XVIᵉ siècle avec le corsaire Baba-Aroudj, qui, comme le dit M. Jules Duval, dans son *Tableau de l'Algérie*, en devina la force et la future grandeur. Son frère Khaïr-ed-Din, en joignant la terre ferme aux îlôts (el djezaïr) du Nord, créa sa véritable puissance. En lui assurant un port, il en fit pour trois siècles le plus redoutable foyer de la piraterie.

La France, comme toutes les nations de l'Europe, vit sa marine victime des brigandages des forbans algériens ; elle eut, comme elles, plusieurs de ses enfants captifs dans les bagnes d'Alger ; mais elle eut en outre une autre cause à plaider que celle de l'humanité et de la liberté des mers : elle dut relever les concessions françaises de l'Afrique septentrionale et venger les insultes réitérées faites à son pavillon ; aussi est-ce à elle qu'une série de circonstances imprévues vint fournir l'occasion de fermer glorieusement par une conquête définitive la voie que l'Espagne avait ouverte en 1815 et dans laquelle plusieurs puissances européennes s'étaient inutilement engagées.

Depuis quatre siècles, la France possédait des établissements sur la côte septentrionale d'Afrique ; son droit de possession, acheté primitivement des Arabes, avait été reconnu en 1518, 1692, 1694, 1801 par les sultans turcs, suzerains du dey d'Alger, et par le dey d'Alger lui-même. La situation avantageuse des concessions d'Afrique, leur richesse en grains, bestiaux, laine, cire, miel, etc., la facilité de répandre les marchandises de fabrique française dans l'intérieur de l'Afrique ; enfin les produits de la pêche du corail procuraient de grands avantages aux compagnies qui, avant la Révolution, exploitaient les concessions. Ce commerce fut languissant et presque nul durant les longues guerres de la Révolution et de l'Empire. La force navale de l'Angleterre paralysa toutes nos relations d'outre-mer ; mais les deys d'Alger restèrent neutres dans la lutte et ne contestèrent pas à la France ses droits de possession.

Cependant, en 1798, lors de la campagne d'Egypte, les Algériens, contraints par la Porte, déclarèrent la guerre à la République française, attaquèrent La Calle, s'en emparèrent et en détruisirent les fortifications. Mais cette hostilité forcée n'eut pas de suite, et en 1801, après la paix d'Amiens, les marchands français reparurent sans obstacle sur la côte africaine.

En 1806, les Algériens occupèrent de nouveau La Calle, et les Anglais réussirent à s'emparer de la pêche du corail, dont ils jouirent exclusivement jusqu'en 1814.

La France réclama alors l'exécution des anciennes conventions en vertu desquelles lui avait été concédée la côte comprise entre la rivière de la Seybouse et la frontière de Tunis, et dont les points principaux étaient le *Bastion de France*, le fort de *La Calle*, le *cap Roux*, le *cap Rose*, le *cap Nègre*. Un traité du 26 août 1817 nous remit en possession et rétablit notre redevance de 60,000 fr. qui, trois ans après, fut portée à 200,000 fr.

Le paiement annuel d'une somme aussi considérable diminuait déjà beaucoup les avantages que nous retirions de nos établissements sur la côte d'Afrique ; d'autre part, nous avions retrouvé nos comptoirs dans une situation déplorable : les forts étaient ruinés, les magasins et les édifices dégradés ; de plus, les naturels du pays, ne trouvant plus à vendre les produits des terres environnantes, avaient cessé de les cultiver.

Pour rendre de l'importance à nos possessions, il nous eût fallu la sécurité et la confiance dans l'avenir, et nous ne pouvions en avoir, d'après les intentions annoncées par le dey de nous exclure de la côte d'Afrique aussitôt que les circonstances le lui permettraient ; Hussein-Dey, élevé au pouvoir en 1818, ne craignait pas de manifester hautement ses mauvaises dispositions à notre égard. En 1824, contrairement au droit des gens et à la teneur expresse des traités, des perquisitions avaient été exercées dans la maison consulaire de France à Bône, sous le faux prétexte de contrebandes à saisir. En 1826, des navires appartenant à des sujets du Saint-Siége, mais couverts du pavillon français, avaient été injustement capturés, et la restitution en avait été refusée ; enfin des propriétés françaises, saisies à bord d'un navire espagnol, avaient été confisquées.

Ainsi furent *violés* les deux principes qui avaient constamment servi de base à nos transactions avec les régences d'Afrique : *que le pavillon français couvre la marchandise quelle qu'elle soit, et que la marchandise française est inviolable même sous le pavillon ennemi.*

Ces infractions successives au droit des gens et aux traités conclus avaient donné lieu à de nombreuses réclamations auprès du Dey, dont le ressentiment contre la France tenait d'ailleurs à une cause particulière.

Deux banquiers juifs de la Régence d'Alger, Jacob Coëns Bacri et Michel Busnach, avaient fait au gouvernement français, de 1793 à 1798, des fournitures considérables pour l'approvisionnement de nos armées d'Italie et pour l'expédition d'Égypte. La plus grande partie des paiements avaient été faits au fur et à mesure des consignations ; mais plusieurs chargements de blé ayant été trouvés avariés, on suspendit les paiements, et les demandes des fournisseurs furent longtemps contestées.

Le dey d'Alger, réclama, en faisant connaître qu'il était propriétaire d'une partie de ces approvisionnements qui provenaient des magasins de la Régence et des impôts qu'on lui payait en nature. Le désir de mettre un terme à ces contestations et de maintenir la paix entre les deux États, détermina la signature d'une transaction avec les négociants et le vote par les Chambres françaises d'un crédit de sept millions, destiné à les désintéresser. Toutefois, une réserve était faite en faveur des créanciers français des sieurs Bacri et Busnach.

Les créances françaises, discutées devant les tribunaux français, ayant absorbé les sept millions, qui ne suffirent même pas à les acquitter, le dey, principal créancier en faveur duquel on avait signé la transaction, se trouva frustré de la part qui devait lui revenir. Comme il n'avait donné sa signature que dans l'ignorance de nos lois et des formes de nos liquidations, croyant que la réserve ne comprenait que des sommes légères, il fut vivement irrité de cette solution.

Un nouveau sacrifice fut alors consenti par les Chambres, et c'est ce traité du 24 juillet 1820, qui porta à 200,000 fr. les redevances des Concessions d'Afrique. On voulait ainsi assurer au dey une rente annuelle considérable, qui devait lui tenir lieu du capital dont il était privé; mais ce prince ne fût nullement satisfait, et demanda, comme condition du maintien de ses relations avec la France, le paiement immédiat des sept millions.

M. le baron de Damas, ministre des affaires étrangères, croyant de la dignité du gouvernement qu'il représentait de ne pas répondre à la lettre hautaine du souverain de la Régence, chargea M. Deval, consul de France à Alger, de s'en expliquer avec le dey.

Le consul n'avait pas encore reçu la dépêche ministérielle, quand il se présenta, suivant l'usage, au palais du Dey, le 30 avril 1827, la veille des fêtes musulmanes. Dès que notre consul général s'approcha du Dey, celui-ci lui demanda s'il n'était pas chargé de lui remettre une réponse à sa lettre, et M. Deval ayant répondu négativement, le Dey porta subitement au consul plusieurs coups d'un chasse-mouches qu'il tenait à la main, lui ordonnant de sortir de sa présence, et en accompagnant cet ordre de gestes et de paroles de mépris contre notre souverain et contre tous les chrétiens en général.

Après un tel outrage, qui comblait la mesure des procédés injurieux de la Régence, satisfaction fut demandée au dey, et, sur son refus, le blocus du port d'Alger ordonné. Ce blocus, entretenu durant trois années, fut moins nuisible aux Algériens qu'à la France, à laquelle il coûta 20 millions, plusieurs bâtiments perdus sur des côtes sans abri, un grand nombre de marins, et entr'autres le commandant de l'escadre, le brave contre-amiral Collet, qui succomba aux fatigues de cette croisière aussi difficile que dangereuse.

L'insuffisance du blocus étant reconnue, la dignité du gouvernement français exigeait qu'on cherchât à obtenir une réparation par des moyens plus efficaces. De nouvelles propositions modérées et honorables pour les deux parties furent faites au dey par le capitaine de la Bretonnière. Le dey les repoussa, et notre vaisseau parlementaire ayant été, le lendemain 3 août 1829, criblé de boulets par les batteries algériennes, à sa sortie du port, toutes les communications furent rompues.

Le ministère Polignac conçut, prépara, accomplit cette belle conquête, qui a été, comme l'a dit M. Alfred Nettement, le testament de la Restauration.

Le 15 février 1830, l'expédition était décidée ; trois mois après, les préparatifs terminés ; et, le 15 mai, la flotte mettait à la voile. Le 14 juin 1830, l'armée toucha le sol d'Afrique, et, le 5 juillet de la même année, elle avait atteint le but de sa mission, après vingt jours de campagne, signalés par le combat de Staouëli et la prise du fort l'Empereur.

Le pavillon français vengé flottait sur les murs d'Alger ; la Méditerranée était affranchie, la piraterie détruite, la civilisation triomphante, l'œuvre que quatre siècles avait appelée de leurs vœux se trouvait accomplie. La capitulation d'Alger, dernier acte de la domination turque, signée le 5 juillet, inaugura pour l'histoire de l'Afrique septentrionale une période nouvelle.

Quant au général en chef qui avait dirigé cette brillante campagne, où il avait gagné un bâton de maréchal et perdu un fils chéri, il quitta trois mois plus tard, en fugitif, sur un bâtiment étranger, cette terre d'Afrique, théâtre de sa gloire, emportant, pour seul trésor, le cœur de son fils. Il épargnait ainsi à ce dernier l'outrage infligé au corps que ce noble cœur avait animé, et dont les agents du fisc, à Marseille, fouillèrent les entrailles pour chercher l'or qu'ils supposaient y avoir été caché. Les administrateurs qui, un mois auparavant, se signalaient auprès du maréchal Bourmont par les adulations les plus serviles, lui refusèrent insolemment passage sur un navire français.

Par un des plus frappantes exmples des vicissitudes humaines que la Providence ait donné en spectacle dans l'histoire, remarque M. Nettement, les vaincus et les vainqueurs se rencontrèrent confondus dans une commune infortune : le maréchal Bourmont se trouvait à Palma avec les débris de la milice d'Alger ; le ministre de la marine, baron d'Haussez, qui avait préparé cette grande expédition et formé une des plus belles flottes que la France ait jamais équipées, se dérobait, sous un déguisement, à la mort qui le menaçait, et passait la mer sur une barque ; enfin, presque le même jour où le Dey vaincu, abordant à Naples, déclarait à notre ambassadeur qu'il se mettait sous la protection du roi Charles X, son vainqueur, ce prince s'embarquait à Cherbourg et faisait voile pour l'Angleterre

On a contesté souvent à la Restauration le mérite de la conception de cette mémorable entreprise qui devait préparer la réalisation partielle de cette grande pensée de l'empereur Napoléon Ier : Faire de la Méditerranée un lac français. On a dit que « c'était *sans le vouloir* que Charles X avait fait la conquête d'Alger. »

C'est là un des mensonges historiques propagés autrefois par cet esprit de parti, qui trouve toutes les armes bonnes lorsqu'il s'agit de dénigrer ceux qu'il combat Assez de griefs sérieux peuvent être formulés contre le gouvernement du dernier souverain de la maison de Bourbon, pour qu'on ne lui marchande pas la part de gloire qui lui revient dans l'occupation de l'Algérie par nos armes, en faisant de la conquête d'Alger un résultat fatal qui n'aurait été ni dans les vues, ni dans les desseins du cabinet des Tuileries.

Il est souverainement injuste d'attribuer aux ministres de

Charles X des vues étroites et des résolutions vagues au sujet de l'expédition d'Alger. Ils savaient parfaitement ce qu'ils faisaient : ils voulaient suivre leur œuvre avec fermeté et en avaient mesuré par avance tous les résultats.

Il ne serait pas nécessaire d'en donner d'autre preuve que la véhémence avec laquelle l'Angleterre, prenant la défense des pirates algériens, protesta contre le projet d'expédition qui lui avait été officiellement dénoncé par le gouvernement français ; mais nous aimons mieux corroborer ce témoignage moral d'une preuve toute matérielle, tirée d'un document authentique déposé aux archives de la chancellerie française.

L'Angleterre voyant le roi Charles X décidé à ne tenir aucun compte de ses protestations, demanda des explications expresses et des engagements écrits portant que la France n'occuperait pas définitivement le territoire que ses armes allaient conquérir.

Le cabinet des Tuileries se contenta de faire passer à celui de Saint-James cette noble réponse :

« L'honneur et les droits de la France ont été méconnus ; elle « ne réclame les secours d'aucune puissance pour se faire res- « pecter ; elle ne portera pas seulement la guerre au Dey « d'Alger, mais à tous les États barbaresques ; elle aura seule « la gloire de détruire, au profit du monde entier, la piraterie » et l'esclavage des chrétiens, et elle SAURA CONSÉRVER, POUR PRIX « DE SES SACRIFICES, LA CONQUÊTE QUE LUI ASSURERONT SES ARMES. « Enfin, ce que jusqu'à ce jour les nations européennes ont vai- « nement entrepris, elle le fera. »

Devant une déclaration aussi nette et aussi positive du minis- tre qui dirigeait alors nos relations extérieures, il nous semble difficile de mettre en doute l'intention formelle du roi Charles X d'occuper définitivement la régence d'Alger.

Les premières années de l'occupation furent perdues en demi- mesures par le Gouvernement de Juillet, flottant entre le secret désir d'abandonner l'Algérie et l'opinion publique qui se pronon- çait énergiquement pour la conquête. Chaque jour les attaques les plus violentes contre la conservation de la colonie tombaient du haut de la tribune législative, et un ministre, M. de Broglie, disait avec une légèreté incroyable que l'Algérie n'était pour la France qu'une loge à l'Opéra.

Ce n'est que dans les derniers mois de 1841 que le gouvernement adopta à l'égard de l'Algérie la politique franche et vigoureuse dont le général Bugeaud fut le plus ferme soutien. Cette seconde période de notre occupation fut marquée par la prise de possession des places de l'intérieur et de postes avancés sur la limite du Tell, enfin, par la soumission d'Abd-el-Kader.

La soumission de l'émir fut, comme le dit le duc d'Aumale, une véritable révolution et causa une sensation profonde chez les indigènes ; la cause de l'indépendance arabe était vaincue et ne devait plus trouver désormais pour la soutenir que de véritables aventuriers dont les entreprises partielles seraient bientôt étouffées. Cet événement important n'eut lieu que quelques semaines avant le 24 février, de sorte que la chute de Louis-Philippe ne fut précédée que de quelques jours par la pacification de l'Algérie, comme celle de Charles X l'avait été par la conquête d'Alger.

Mais la tâche de l'armée d'Afrique n'était pas terminée : de 1852 à 1857, des expéditions partielles détachèrent, l'un après l'autre, de nombreux éléments du faisceau formé par les tribus kabyles du Jurjura ; enfin, en 1857, quand la guerre d'Orient fut terminée, le maréchal Randon, alors gouverneur-général, résolut de pénétrer au cœur du pays. Il ne nous suffisait pas, en effet, de nous tenir sur une défensive armée ; il fallait mettre nos ennemis hors d'état de renouveler leurs attaques contre nous et contre les tribus soumises à notre domination. On comprend les difficultés que présenta la soumission des tribus de la Kabylie, quand on songe au nombre et à la situation de leurs villages, édifiés pour la plupart au sommet des montagnes, protégés par des obstacles naturels et défendus par une population brave, vigoureuse et jalouse de son indépendance ; mais l'expédition avait été préparée de longue main par M. le maréchal Randon, et les troupes habilement dirigées et vaillamment conduites par le maréchal et ses lieutenants, les généraux de Mac-Mahon, Renault et Yusuf, triomphèrent de tous les obstacles et forcèrent toutes les tribus à demander l'aman ; la Kabylie était définitivement soumise. Quelques routes percées dans la montagne facilitèrent les communications, et la création du fort Napoléon, chez les Beni-Raten, au centre même du pays compris entre la mer et le sommet du Jurjura, permit d'asseoir d'une manière inébranlable notre autorité souveraine.

La conquête de l'Algérie était accomplie : le Tell, pays de la culture et des cours d'eau ; le Sahara algérien, pays des plateaux et des pâturages ; la région des oasis, transition entre le Tell et le Désert ; la Kabylie, asile de montagnards jusqu'alors indomptés, obéissaient également à nos lois.

RÉSUMÉ CHRONOLOGIQUE

1830. — 14 juin. débarquement à Sidi-Ferruch. — 19 juin, bataille de Staouëli — 4 juillet, siége et explosion du Fort-l'Empereur. — 5 juillet, reddition d'Alger. — 23 juillet, reconnaissance sur Blidah. — 2-18 août, première occupation de Bône. — 24 novembre – 4 janvier, première occupation de Médéah.

1831. — 4 janvier, occupation de Mers-el-Kebir et d'Oran — 17 août, occupation définitive d'Oran. — 13-29 septembre, occupation de Bône.

1832. — 27 mars, prise de la Casbah de Bône. — Mai, prise de Bône. — Novembre, Abd-el-Kader proclamé émir par les Arabes.

1833. — 3 juillet, occupation d'Arzew. — 29 juillet, occupation de Mostaganem. — 29 septembre, prise de Bougie.

1835 — Mars, établissement du camp d'Erlon, à Boufarik. — 1-9 décembre, expédition de Mascara.

1836. — 13 janvier. première occupation de Tlemcen. — 15 juillet. occupation de La Calle. — Novembre, première expédition de Constantine.

1837. — 30 mai, traité de la Tafna. — Octobre, deuxième expédition de Constantine. — 7 octobre, création de Philippeville. — 12 décembre, occupation de Djemila.

1839. — 5 février, occupation de Blidah. — 13 mai, prise de Djidjelli. — 17 mai, deuxième occupation de Djemila. — Octobre, expédition des Bibans ou Portes-de-Fer.

1840. — 2-6 février, défense de Mazagran — 15 mars, prise de Cherchell. — 5-20 mai, expédition et prise de Médéah. — 7-15 juin, expédition et prise de Milianah.

1841. = 18 mai - 15 juillet, expédition de Tagdempt et Mascara. 11 juin, occupation de Milah.

1842. — 9 février, destruction de Sebdou. — 15 février, occupation de Tlemcen. — Septembre et octobre, expédition en Kabylie,

1843. — 27 mars, fondation de Teniet-el-Hâd. — 29 avril, fondation de Tiaret. — 26 avril - 20 mai, fondation d'Orléansville et Ténès — 16 mai, prise de la smala d'Abd-el-Kader.

1844. — 4 mars, prise de Biskra. — 3-17 mai, prise de Dellys. — 1er mai - 11 juin, expédition de Laghouat. — 14 août, bataille d'Isly.

1845. — Avril, apparition de Bou-Maza dans le Dahra. — 18 juin, destruction des Ouled-Ria et soumission du Dahra. 7 septembre, soumission des Beni-Raten. — 25 septembre, désastre de Sidi-Brahim.

1846. — Mars, expédition de Kabylie. — 15 novembre, fondation d'Aumale.

1847. — 15 avril, reddition de Bou-Maza. — 23 décembre, soumission d'Abd-el-Kader.

1849. — 19 mai - 12 juin, expédition en Kabylie. — 7 octobre - 26 novembre, siége et prise de Zaatcha. — 27 octobre - 15 novembre, soumission de Bouçada.

1860. — 14 mai - 27 juin, expédition en Kabylie.

1852. — Novembre, création de Djelfa. — 4 décembre, prise de Laghouat.

1853 — Mai, expédition en Kabylie.

1854. — Mai, expédition en Kabylie. — 5 décembre, entrée à Tuggurt.

1856. — 2-4 septembre, expédition en Kabylie, à Dra-el-Mizan.

1857. — Mai et juin, soumission définitive de la Kabylie, création du Fort-Napoléon.

1859. — Octobre et novembre, expédition chez les Beni-Senous, frontière du Maroc.

POPULATION

des diverses Communes de la province d'Alger.

COMMUNES.	FRANÇAIS.	ÉTRANGERS.	MUSULMANS.	ISRAÉLITES.
ALGER	19.477	17.668	10.616	6.103
ALMA (L')	281	296	1.216	2
ARBA.	485	582	1.410	11
AUMALE	1.242	207	3.544	184
BIRKADEM	619	943	1.297	11
CHERAGAS	999	304	441	7
DELLYS	706	156	9.502	110
DELY-IBRAHIM	746	500	630	3
DOUERA.............	2.525	588	1.329	7
FONDOUCK (LE)	260	220	3.341	6
KOUBA..	656	1.364	493	21
RASSAUTA (LA)	571	1.018	1.553	4
ROUÏBA	212	859	908	2
ROVIGO	225	86	1.014	2
SIDI-MOUSSA	143	113	990	»
TENÈS	899	987	5 232	56
BLIDAH	3.604	2 864	3.957	465
BOUFARIK	2.022	1.188	4 214	64
CHEBLI............	509	315	1.183	3
CHERCHELL	1.082	386	4.388	30
OUED-EL-ALEUG	413	283	1 365	2
COLEAH	2.132	703	1.684	52
MARENGO	1 087	137	2.539	4
MOUZAÏAVILLE........	1.373	275	5.297	1
MEDEAH............	2.137	475	6 944	939
DUPERRE...........	256	38	252	2
MILIANAH	1.419	775	4 219	750
ORLEANSVILLE........	1.050	297	428	76
VESOUL-BENIAN	423	12	3.155	»

LA VILLE D'ALGER

LA VILLE D'ALGER

ASPECT GÉNÉRAL.

Alger, vu de la mer, offre tout d'abord à l'œil du voyageur un amas confus de maisons blanches, avec leurs terrasses pittoresques, s'étageant en amphithéâtre sur les flancs d'un contrefort du mont Bouzaréah que couronne la Casbah et dont la base est baignée par la mer, tandis qu'il se relie au Sahel par des croupes mamelonnées au Sud, et par les verdoyants coteaux de Mustapha à l'Est. A droite, la Salpétrière et l'hôpital du Dey déploient leurs vastes bâtiments et le quartier Bab-el-Oued étale ses nombreuses usines ; à gauche, le quartier de l'Agha prolonge fort loin sur la côte l'ancien faubourg dont les constructions importantes, comprises aujourd'hui dans Alger, s'arrêtent au fort Bab-Azoun, assis sur un écueil ; au-dessus apparaît au loin le fort l'Empereur. Au second plan se dessinent les monts Mouzaïa et les cimes neigeuses du Jurjura.

LE PORT.

Le port d'Alger, situé au fond d'une des plus belles rades de la Méditerranée, a une superficie de 90 hectares et peut contenir 39 bâtiments de guerre et 300 navires marchands de 100 à 150 tonneaux. Ce port est presque tout entier une création des Français. Le *Vieux port*, que nous ont légué les Turcs, n'avait que 3 hectares d'étendue. C'est la partie du port actuel comprise entre le bâtiment de la *Santé*, la jetée *Khaïreddin* et les constructions élevées à l'extrémité de cette jetée.

Le bâtiment de la *Santé*, que ses colonnes et ses festons font ressembler à un temple grec, est construit sur un petit môle qui s'avance de l'O. à l'E. vers la mer. On remarque à sa pointe la plus avancée une espèce de cénotaphe élevé à la mémoire d'un jeune officier d'artillerie, le capitaine Charles de Lyvois, mort à l'âge de trente-trois ans, en 1835, victime de son dévouement, en portant une amarre au trois-mâts russe la *Vénus*, dans la mémorable tempête du 11 février, pendant laquelle on vit se briser, dans le port même, quatorze navires de commerce. C'est une petite pyramide en marbre blanc, ornée de couronnes de chênes et de lauriers, dont le socle, accosté de deux bassins et de têtes d'anubis en bronze, sert de fontaine.

La jetée *Khaïreddin*, bâtie en 1518, par le corsaire dont elle porte le nom, a environ 210 mètres de longueur, de l'O. à l'E., et rattache à la ville, par une série d'îlots reliés ensemble, le *Château du Phare* qu'Hassan-Pacha fit élever en 1544 sur les fondations de l'ancienne forteresse espagnole du *Penon* prise en 1520 par les Turcs. — Le phare, dont la tour est octogone, a 35 mètres d'élévation au-dessus du niveau de la mer et est éclairé par un feu tournant à éclipses qui porte à 15 milles au large. Des batteries et un parc d'artillerie occupent l'intérieur du fort.—Du château du Phare se détache un groupe de rochers, d'une étendue de 350 mètres, décrivant un coude en retour vers la ville et sur lesquels est construit le *môle de défense*. C'est sur cette avancée que se trouvent les forges de l'artillerie. — Au fond du vieux port, au point de jonction de la jetée Khaïreddin et du Château du Phare, s'élève sur un débarcadère voûté un pavillon carré, couronné d'une coupole. Ancienne résidence du ministre de la marine, sous la domination turque, ce pavillon est aujourd'hui l'hôtel de l'*Amirauté*. — Dans les maisons voisines sont installés l'état-major et les différents services de la marine. La partie supérieure du côté du Nord est occupée par un vaste magasin central du campement et des subsistances, magasin qui joint à l'ouest le corps de garde des douanes et la *Porte de France*.

C'est en 1836 qu'on a commencé l'exécution des travaux considérables qui ont eu pour objet la création du port actuel. Des blocs de béton de 60 à 90 mètres cubes ont été lancés à une profondeur de 10 à 20 mètres, pour former la digue qui, sous le nom de *Jetée du Nord*, part du môle de défense et se dirige du N. à l'E., vers l'intérieur de la rade, par une déviation d'environ 40 degrés. Un fort s'élève à l'extrémité de cette jetée qui a un développement de 700 mètres. — La jetée du Sud qui se compose de deux branches faisant entre elles un angle de 97°, part du fort Bab-Azoun et a 1,235 mètres de longueur. Elle est percée par une ouverture de 60 mètres destinée à assurer les communications entre la rade et la partie Sud du port, et elle est défendue par un fort élevé à son musoir. — La *passe* du port entre les deux musoirs a 340 mètres de largeur. Les deux jetées ont une élévation de 3 mètres au-dessus du niveau de la mer. Au milieu du port s'élève une batterie construite sur un rocher appelé *El-Djefna*. Les batteries, les îlots et la jetée Khaïreddin avec leurs magasins, les quais et les jetées, constituent un établissement maritime, militaire et commercial de premier ordre et justifient plus que jamais l'épithète de *bien gardée* que les Musulmans avaient donné à Alger.

Les *quais* s'étendent de la Porte de France jusqu'à l'origine de la rampe Bab-Azoun sur une étendue de 700 mètres. Ils sont bordés par les immenses magasins voûtés, docks gigantesques, qui supporteront le futur *boulevard de l'Impératrice*.

LA VILLE BASSE.

Rues et Places. La partie basse de la ville est toute française. La rue de la Marine, qui du port conduit sur la place du Gouvernement, celles de Bab-Azoun, de Bab-el-Oued et de Napoléon, sont larges, tirées au cordeau, bordées d'arcades d'élégantes maisons ; elles forment avec les rues d'Isly et de Constantine les grandes artères de la ville. La principale place est la *place du Gouvernement* d'où l'œil admire un magnifique panorama ; elle a 130 mètres de longueur sur une largeur d'environ 75 mètres. Une double rangée de beaux platanes la borde au N. au S. et à l'O. et une balustrade en pierre forme sa limite à l'Est, c'est-à-dire du côté de la mer. C'est sur cette place que s'élève, sur un piédestal de marbre blanc, la statue équestre du duc d'Orléans, due au ciseau de Marochetti et fondue par M. Soyez, de Paris, avec le bronze provenant des canons pris à Alger. Sur les faces du piédestal, deux bas-reliefs en bronze représentent : l'un la prise de la citadelle d'Anvers, l'autre le passage du col de la Mouzaïa. Au Nord de la place du Gouvernement, devant la façade de l'hôtel *La Tour du Pin*, on voit un joli jet d'eau qui retombe en cascade d'une coupe de bronze dans une vasque de granit. Il suffirait, pour créer là un charmant parterre, de planter quelques arbres au lieu « des tiges sèches qui furent jadis des orangers et du grand palmier sans ombre, placé là comme un épouvantail dans un champ pour éloigner les moineaux pillards. » La place du Gouvernement est le cœur de la ville d'Alger ; c'est là que se donnent les rendez-vous et que se traitent la plupart des affaires. Le soir, quand la chaleur du jour est tombée, on vient y respirer la brise, tout en écoutant les marches et les mélodies jouées par les musiques militaires.

Après la place du Gouvernement, il faut citer celle *de Chartres* qui se rattache à la rue Bab-Azoun par un large escalier. Bordée sur trois de ses faces par des arcades, elle est ornée d'une belle fontaine ombragée par deux saules pleureurs. Il s'y tient chaque matin, jusqu'à dix heures, un marché aux légumes, aux fruits et aux fleurs. Le personnel bariolé et mouvant des maraîchers français, mahonnais et maures, des ménagères, des domestiques, des petits porteurs indigènes, des flâneurs, rentiers ou employés, offre un curieux spectacle. La maison Catala, contre laquelle s'appuie l'escalier qui descend à la rue Bab-Azoun, a été élevée sur l'emplacement de l'ancien bagne chrétien, dit des Lions.

A l'extrémité de la rue Bab-Azoun, s'étend la place *Bresson* ou *Napoléon*, entre le théâtre impérial et un petit terrassement en vue de la mer, au Nord duquel descend la rampe d'un lavoir couvert qui est établi dans l'ancien fossé de la porte Bab-Azoun. Un grand nombre de voitures et de corricolos stationnent sur cette place ; à côté du théâtre se trouve l'hôtel de l'Europe.

A la place Bresson commence l'ancien faubourg Bab-Azoun, aujourd'hui compris dans l'intérieur de la ville, entre les anciennes et les nouvelles fortifications. Il est traversé par les deux grandes rues de l'*Agha* ou de *Constantine* et d'*Isly*. Sur le trajet de cette dernière se trouve la place d'*Isly* qui est entourée de belles constructions parmi lesquelles on remarque : le Collége arabe, le Mont-de-Piété et le Magasin général des farines. Au centre se dresse la statue du maréchal Bugeaud, représenté dans son costume populaire et bien connu des Algériens et de l'armée. Cette statue, modelée par M. Dumont et fondue par MM. Eck et Durand, est en bronze et repose sur un piédestal gris de mer provenant des carrières du cap de Fer.

Enfin, la place *Bab-el-Oued*, entre le Fort-Neuf et les fortifications, est un immense champ de manœuvres sur lequel sont établis le parc et l'arsenal de l'artillerie. Elle occupe l'emplacement de l'ancien cimetière musulman dont la partie Est-Sud servait de sépulture aux pachas, et au milieu duquel s'élevait le fort des *Vingt-quatre heures*, aujourd'hui complètement démoli. Ce fort, qui s'appelait ainsi à cause du temps qu'y passaient au corps de garde les janissaires chargés de sa défense, a été rendu célèbre par un évènement qui a produit une émotion profonde dans toutes les classes de la population algérienne. Nous voulons parler de la découverte du squelette de Géronimo, jeune martyr arabe, auquel nous consacrerons quelques lignes dans la notice relative à la cathédrale d'Alger. Une longue et large banquette garnie d'une formidable batterie défend, du côté Nord, l'approche d'Alger par mer.

A gauche de la place Bab-el-Oued, de l'autre côté de la route de Saint-Eugène, se trouve un petit marabout qui sert de pied à terre aux trappistes de Staouéli.

Plus loin, au-dessus de l'Esplanade, entre l'ancienne et la nouvelle enceinte, est le *Jardin Marengo*, la seule promenade que possède Alger. Ce jardin porte le nom de son fondateur, le colonel Marengo, ancien commandant de la place d'Alger, sous la direction duquel les travaux ont été exécutés par les condamnés militaires. Ses allées sinueuses plantées de palmiers, de yuccas et de bellombras, ses parterres, ses kiosques faïencés, ses fontaines en marbre en font un charmant jardin anglais. On y voit un buste colossal de Napoléon Ier par Auguste Déligand et une colonne à la mémoire du même empereur avec cette inscription : « Son génie avait rêvé cette conquête. » A une des extrémités du jardin se trouve le délicieux marabout de Sidi-Abd-er-Rahman. Au-dessus, est une prison civile construite d'après le système cellulaire. La Kouba, située sur la route et où est établi le poste de la gendarmerie était affectée, avant 1830, au dépôt des pestiférés.

PASSAGES ET BAZARS. On trouve dans la ville basse plusieurs passages ou bazars.

Le passage de l'hôtel de *la Tour du Pin* met en communication la place du Gouvernement et la rue Mahon. Il est pavé de marbre noir et orné de colonnes élégantes. A l'étage supérieur, sont les salons de l'hôtel de la Régence auxquels conduisent deux doubles escaliers. Au rez-de-chaussée de la façade qui donne sur la rue Bab-el-Oued, se trouvent les riches magasins de M. Porcellaga, ancienne maison Garot, dans lesquels on voit, à côté des échantillons les plus remarquables de la bijouterie parisienne et de l'horlogerie de Genève, l'assortiment le plus complet d'objets indigènes, aiguières, vases, plateaux, œufs d'autruche, etc.

Entre la place du Gouvernement et la rue de Chartres est le passage ou *Bazar du Commerce*. C'est dans ce passage qu'ont leur entrée le Cercle du Commerce et le magasin de M. Filio Doreau, facteur de pianos ; mais nous recommanderons plus particulièrement aux étrangers, pour les fournitures de musique, les achats et locations de pianos, la maison Tachet, rue Bab-Azoun, qui est montée sur le même pied que les meilleures maisons de ce genre en France.

Le passage *Napoléon* parallèle au précédent, s'ouvre de même sur la rue de Chartres et la place du Gouvernement.

La galerie *Duchassaing*, qui unit la rue Bab-Azoun au quai supérieur sur lequel vont s'établir les constructions du boulevard de l'Impératrice, est moins un passage qu'un large couloir destiné à donner entrée dans la grande maison dont le Cercle d'Alger occupe le premier étage.

La rue Bab-el-Oued est mise en communication avec la rue du Vieux-Palais, par la galerie *Malakoff*, au centre de laquelle s'élève un buste du maréchal Pélissier. C'est dans ce passage que sont l'imprimerie et la librairie Tissier. Les étrangers trouveront dans ce dernier établissement, outre les nouveautés françaises, les ouvrages anglais de l'édition Tauchnitz, la collection complète des photographies algériennes de M. Moulin et toutes les cartes indispensables aux touristes ; nous leur recommandons notamment une excellente carte des environs d'Alger, sortie des presses lithographiques de M. Tissier.

Le passage des *Consuls* ou *Gaillot*, parallèle à la rue de la Marine, dont il est peu éloigné, unit la rue des Consuls à la rue d'Orléans. Il a été construit sur l'emplacement d'une ancienne grande maison mauresque élevée par le pacha Hassen en 1683.

Le passage d'*Orléans* met en communication la rue du Lézard et la place Malakoff. Ses boutiques, formées par des entre-colonnements que des arcades mauresques décorent, sont occupées par des Maures, brodeurs, marchands d'essences, etc. Au milieu du passage est une rotonde couronnée d'une coupole en verre. A certaines heures de la journée, on peut y assister au curieux spectacle des encanteurs maures, commissaires priseurs indigènes, se promenant au milieu de la foule des flâneurs et des acheteurs, en criant la mise à prix des vêtements sous le poids desquels ils plient, ou des bijoux surchargeant leurs poignets et leurs doigts.

Le passage *Salomon* unit la rue de la Porte-Neuve à la rue du Lézard ; le passage *Mantout* met en communication la place de Chartres, la rue Scipion et la rue de Chartres ; le passage *Narboni* forme un Y aboutissant aux rues Bab-Azoun, de Chartres et du Caftan ; enfin dans la rue de Chartres et à côté du précédent, se trouve le bazar Parsifico qui est occupé par des indigènes marchands de tabacs, de corail, de burnous et de sparterie.

MARCHÉS. — Le principal marché pour les objets de consommation journalière, les légumes, les fruits et les fleurs, se tient sur la place de Chartres. Celui de la place d'Isly est approvisionné par les Arabes qui y apportent des denrées de toute espèce ; on y trouve en tout temps et à très bas prix d'excellentes oranges.

A la *Pêcherie*, en bas de la place du Gouvernement, est le marché aux poissons, qui sera installé, dès l'achèvement du boulevard de l'Impératrice, sous les trois voûtes situées à l'angle de la Pêcherie. On arrivera à ces voûtes par une rampe longeant la mosquée et par l'escalier de la Pêcherie.

Le *Rahbah*, marché aux grains, et le *Fondouk*, marché aux huiles, sont établis dans un vaste local ayant son entrée sur la rue d'Isly pour les grains, et sur la rue de Tanger pour les huiles.

Le marché aux bestiaux se tient à Mustapha, en dehors et à droite de la nouvelle porte Bab-Azoun. Il est fréquenté par 250 à 300 Arabes et fournit, terme moyen, 80 taureaux, bœufs, vaches, veaux et 100 moutons par jour.

LA VILLE HAUTE.

La ville haute a conservé, à très peu de chose près, le cachet original qu'elle avait du temps des Turcs. Aux dispositions naturelles d'un sol incliné, inégal, tourmenté, abrupte, les mœurs musulmanes ont joint leur jalouse influence pour faire de ce quartier un inextricable labyrinthe, plein de bizarrerie, de confusion, de mystère. Nous n'avons rien à changer au tableau qu'en fait M. Jules Duval dans son *Manuel descriptif* de l'Algérie.

« Des rues sales, étroites, de largeur inégale, mal aérées, sombres, tortueuses, rudes à monter, plus rudes à descendre, souvent fermées par le haut, taillées en escalier, terminées en impasse ; des maisons sans façades extérieures, percées de rares et étroites lucarnes grillées, dont les étages supérieurs avancent sur la rue, soutenues par des arcs-boutants en bois, maisons plus semblables à des prisons qu'à des habitations de famille : telle est l'apparence. Mais en pénétrant sous ces portes basses, dans les étroits vestibules qui conduisent dans la cour intérieure, l'impression change : il n'est pas rare de se trouver au milieu de véritables palais où rè-

gnent la fraîcheur, l'élégance, la richesse, le recueillement ;
une galerie intérieure entoure les appartements, une terrasse
les domine d'où la vue parcourt l'horizon infini de la mer et
le rideau lointain de l'Atlas et du Jurjura. »

MAISONS MAURESQUES. — Toutes les maisons mauresques
sont établies sur le même plan et ne diffèrent que de dimen-
sion et de magnificence. M. Bérard, dans son *Indicateur général de l'Algérie*, nous en donne une description aussi intéressante que fidèle.

« Elles présentent, à l'extérieur, l'aspect d'une prison: porte
de chêne garnie de gros clous en fer et de guichets grillés ;
murs blanchis, percés de quelques fenêtres, fermées par de
nombreux barreaux. Derrière une espèce de poterne s'ouvre
un ou plusieurs vestibules sombres, dont le parallélogramme
est bordé de bancs en marbre qui supportent des colonnettes
formant une suite de petites niches. C'est là que les fermiers,
clients et amis venaient visiter le propriétaire de la maison.
Des lampes suspendues par des chaînes à la voûte cintrée,
éclairaient cette salle d'attente, d'où part l'escalier de la maison qui conduit à une cour carrée, pavée de marbre ou de
faïence vernissée ; cette cour est au milieu d'une galerie de
une, deux, trois et quelquefois quatre arcades à ogive, sur
chacune de ses faces. Des colonnes torses à gracieux chapiteaux, de hauteur d'homme, soutiennent cette galerie domi-
née par un second péristyle décoré d'une balustrade en bois,
travaillée avec goût. Les divers appartements de la maison
prennent leur entrée et leurs jours sur cette galerie intérieure.
Les portes sont à deux battants, garnis chacun d'une plus
petite porte Les fenêtres carrées et défendues par des grilles
de cuivre ou de fer, sont formées de vitres enchâssées dans
des croisées que renforcent des volets de marqueterie. Les
chambres sont hautes, étroites, et de toute la longueur de
chacun des côtés de la maison. Vis-à-vis de la porte, s'en-
fonce une niche où est placé d'ordinaire un divan. Vis-à-vis

de chaque fenêtre, une retraite du mur ménage parallèlement une petite armoire. Aux deux bouts de chaque pièce règne, à quatre ou cinq pieds au dessus du sol, une estrade cachée par un rideau pour recevoir les lits, auxquels on parvient au moyen d'une échelle. Quelquefois une étuve avec son plafond en dôme se trouve dans ces habitations, où de nombreuses retraites sont ménagées avec assez d'art. Le toit de l'édifice où s'ouvre un portique est aplani en terrasse. »

Rues et places. — Les principales rues de la ville haute sont : la rue de la *Casbah,* qui va de la rue Bab-el-Oued à la porte de la Casbah sur la place de la Victoire, élevée à 118 mètres au dessus du niveau de la mer ; la rue de la *Porte-Neuve* qui, de la porte de ce nom descend à la place du Gouvernement et a plus de 700 mètres de long ; enfin, entre les rues de la Porte-Neuve et Abdallah, la rue Kléber qui est le type le plus parfait des anciennes rues mauresques.

La place *de la Victoire,* entre les rues de la Casbah et de la Porte-Neuve, devant la porte de la Casbah, est très peu étendue ; on y remarque un portique en marbre, aujourd'hui muré, qui fait face à l'ancienne demeure du dey et où l'agha (général en chef) des troupes turques tenait son tribunal.

L'ENCEINTE, LES FORTIFICATIONS ET LES FORTS.

Ancienne enceinte. — La première enceinte de la ville d'Alger fut élevée en 1540, par Hassen ; elle se composait de deux murs bordés de fossés : l'un, long de 900 mètres au N.-O.; l'autre, long de 750 mètres au S.-O. Une partie de ces fossés aujourd'hui remplis de verdures et de jardins subsiste encore : c'est celle qui enveloppe la ville du point culminant de la Casbah au Fort-Neuf, vers le N., et à la rue Napoléon vers le Sud. Cette enceinte aboutissait d'un côté au Fort-Neuf, à Bab-el-Oued, de l'autre à la porte Bab-Azoun sur l'emplacement de la place actuelle du Théâtre ; elle était couronnée

de créneaux percés de meurtrières et enfermait une étendu
de 50 hectares 53 centiares.

C'est par la Porte-Neuve, qui tombe en ruines aujourd'hu
que l'armée française fit son entrée dans Alger en 1830. Là
se trouvait la *glanche*, appareil de grands hameçons de fe
fixés au talus des remparts, sur lesquels on lançait les escla
ves chrétiens.

Nouvelle enceinte. — La nouvelle enceinte d'Alger par
du quartier des Tagarins au dessus de la Casbah et descen
vers la mer sur deux lignes, dont l'une, au N.-O., de 1,60
mètres, va à la plage Bab-el-Oued, et l'autre, au S.-O. d
1,500 mètres, se termine au fort Bab-Azoun.

« Les remparts bâtis en pierres, soutiennent des boule
vards sinueux, plantés d'une double rangée d'arbres et bor
dés de rigoles maçonnées qui contiennent les eaux descen
dant le long des mille lacets de cette promenade magnifique
d'où la vue embrasse toute la ville et l'immense horizon de l
mer. » Cette ligne de défense qui a un circuit de plus d
trois quarts de lieue est percée par six portes, qui sont :

La porte *Bab-Azoun*, au S., auprès du fort de ce nom, qu
n'est qu'une ouverture dans la courtine du rempart. E
dehors de cette porte est le *Lazaret*, vaste et bel édifice qu
sert aujourd'hui de dépôt pour les ouvriers et qui communi
ique à un débarcadère affecté aujourd'hui au service sanitaire

La porte d'*Isly*, à peu de distance au-dessus vers l'ouest
construction monumentale composée de deux portiques or
nés de colonnes couronnées d'entablements.

La porte du *Sahel*, plus à l'O. encore.

La porte *Valée* au N.-E., vers Bab-el-Oued;

La porte *Bab-el-Oued*, presqu'au bord de la plage;

La porte de *France* qui est aussi de construction français
et a été élevée à côté de l'ancienne porte de la Marine, de
venue un corps de garde pour la douane. Les parois des
murs extérieurs de cette ancienne porte sont ornés à la fa

çon mauresque d'un écusson armorié et de divers emblèmes.

FORTS ET CASERNES. Le *Fort-Neuf*, qui se trouve enveloppé dans l'enceinte et occupe un des angles de la place Bab-el-Oued, a été bâti par le dey Mustapha en 1806 : il sert aujourd'hui de prison pour les militaires condamnés aux travaux.

Le fort *Bab-Azoun*, assis sur un écueil, au bord de la mer, à l'extrémité de la jetée Sud du port d'Alger, fut bâti en 1582 par Hassan Pacha, rénégat vénitien, avec les ruines de Rusgunia. Augmenté en 1798 par le dey Mustapha, ce fort fut réparé en 1816 par des officiers du génie exilés de France pour cause politique ; il sert aujourd'hui, comme le précédent, de pénitencier militaire.

Les constructions de défense qui entourent Alger sont : le fort l'Empereur, la Maison-Carrée, le fort de l'Eau, le fort Matifou, le fort des Anglais, le fort de la Pointe-Pescade, les batteries et le poste-caserne de Sidi-Ferruch.

Nous décrirons chacun de ces établissements en nous occupant des localités où ils sont situés. (Voir la description des environs d'Alger).

Nos troupes occupent trois anciennes casernes turques, la Casbah, la caserne des Tagarins, deux vastes bâtiments construits entre la Casbah et les Tagarins, et la caserne neuve du faubourg Bab-Azoun.

Les casernes turques sont les deux casernes de la rue Médée, et la caserne *Lemercier* située à l'angle des rues des Consuls et de la Marine. Cette dernière a été ainsi appelée du nom du colonel du génie Lemercier, mort en mer, le 7 décembre 1836, à bord du *Montebello*, au retour du siége de Constantine, par suite des fatigues de la campagne.

La *Casbah* était au moment de la prise d'Alger la résidence des deys. Ce fut dans cette forteresse que Hussein-Dey se rendit coupable envers le consul de France de l'injure qui provoqua l'expédition de 1830. C'est maintenant une immense caserne traversée par la route d'El-Biar, route qui a fait disparaître la plus grande partie des jardins qui embellissaient cette résidence. La porte du château existe encore, bardée de tôle, peinte en vert et fermée par une chaîne avec cadenas, suivant l'usage des Maures. Elle est surmontée d'une inscription arabe et d'une galerie mauresque en bois, où brûlait le fanal et se déployait le drapeau, double emblème de la puissance souveraine.

La caserne au Nord de la Casbah est un immense bâtiment qui peut loger un régiment tout entier.

Le grand Tagarin est un ancien caravansérail voûté, que le dey Hussein fit construire au moment du débarquement de l'armée française, pour servir de refuge aux habitants qui fuyaient la ville, dans la crainte d'un bombardement.

La caserne du Train est un beau bâtiment neuf, rue de Constantine ou de l'Agha dans le faubourg Bab-Azoun.

BOULEVARD DE L'IMPÉRATRICE. La ville d'Alger est ainsi couverte par un bon système de fortifications, mais de trois côtés seulement ; du côté de la mer elle est sans défense. Cette lacune stratégique sera comblée par le BOULEVARD DE L'IMPÉRATRICE dont les importants travaux, évalués à la somme de 8 millions, doivent être exécutés en cinq années, à compter du 12 mai 1860, date du décret qui a approuvé le projet.

Le boulevard de l'Impératrice (car le nouveau rempart semble emprunter ce nom à la belle promenade qui doit le dominer), le boulevard de l'Impératrice, longeant la mer sur une ligne de 2,000 mètres, joindra les extrémités des anciens remparts et courra de l'îlot de la Marine au fort Bab-Azoun. Il ne sera pas mené d'abord jusqu'à ce point ; le décret du mois de mai arrête les travaux au magasin du campement, en face du Palmier, à 1,200 mètres seulement de l'îlot de la Marine. Plus tard un prolongement de 800 mètres lui sera donné et la ligne de défense d'Alger sera alors complètement fermée.

Le boulevard de l'Impératrice n'est pas seulement un rempart ; c'est aussi, nous l'avons dit, une promenade ; c'est, de plus, un dock immense. Les nombreuses arcades qui supportent sa terrasse deviendront des magasins, donneront au commerce maritime d'Alger un abri qui lui manquait et suffiront pendant longtemps à ses besoins, même si l'avenir réalise les belles promesses qu'il lui fait.

La première pierre du boulevard a été posée par l'Impératrice, le 18 septembre 1860, lors du voyage de LL. MM. à Alger.

ÉDIFICES PUBLICS.

PALAIS, ÉGLISES, TEMPLES, MOSQUÉES, THÉATRE, AQUEDUCS, FONTAINES, MONUMENTS DIVERS.

PALAIS DU GOUVERNEUR. Le palais du Gouverneur général, sur la place Malakoff, à côté de la Cathédrale, est une ancienne maison mauresque fort remarquable, pour l'aménagement et l'embellissement de laquelle ont été dépensées des sommes considérables. La partie du Palais qui compose la façade est une construction toute récente, due au Génie militaire ; elle est revêtue de marbre blanc et percée de fenêtres imitées du style vénitien. L'annexion de ce bâtiment a donné à l'hôtel quelques corps de garde de plus, un escalier et une grande salle de réception.

De magnifiques colonnes de marbre blanc à chapiteaux peints et dorés forment le péristyle intérieur. Dans un des détours de cette vaste demeure, pleine de réduits mystérieux, habilement ménagés, se trouve une étuve mauresque, en deux cabinets, toute revêtue de marbre de Carrare, et dont le dôme en dentelle de pierre, soutenu par des colonnettes d'albâtre, laisse filtrer le jour à travers des vitraux azurés. Les plafonds des appartements sculptés en bois sont richement coloriés et rehaussés de dorures.

—

Presque tous les services publics, civils ou militaires sont installés dans des maisons mauresques qui ont généralement conservé l'ensemble de leur physionomie et dans lesquelles ont seulement été pratiqués quelques aménagements intérieurs nécessités par les exigences du service. Nous devons signaler parmi les anciennes constructions mauresques celles qui méritent de fixer plus particulièrement l'attention des touristes.

L'Évêché, ancienne maison mauresque connue sous le nom de dar Bent-el-Sultan, en face du palais du Gouverneur, est surtout remarquable par l'ornementation de ses murs intérieurs, par les délicates dentelles de pierres qui encadrent les ogives, et, par son double portique, à la galerie supérieure. Son seul ornement extérieur consiste dans l'encadrement en marbre sculpté de la porte d'entrée. Au rez-de-chaussée est un vestibule dont on a fait la chapelle domestique.

L'Intendance militaire, rue de l'État-Major est la plus vaste maison mauresque d'Alger ; les colonnes n'y sont qu'en pierres de taille.

L'hotel du Sous-Gouverneur, autrefois dar Ahmed-Pacha, rue Bruce; le Tribunal de première instance, rue de l'État-Major, qui communique avec la Cour impériale dont l'entrée est dans la rue Bruce; le vaste palais de Mustapha-Pacha, rue de l'État-Major, où sont installés la Bibliothèque et le Musée; la maison occupée par le général commandant supérieur du Génie, à cheval sur la voûte de la rue Philippe, sont de très-belles constructions ornées de colonnes en marbres blancs.

L'HÔTEL DE M. LE PROCUREUR-GÉNÉRAL, rue Socgemah, a un magnifique salon, modèle d'architecture sarrazine, sculpté dans le goût de l'Alhambra ; le plafond surtout est un remarquable chef-d'œuvre.

La maison de la rue des LOTOPHAGES où étaient établis autrefois le Musée et la Bibliothèque, est de toutes, les constructions de ce genre la plus riche en marbre blanc ; entièrement garnie de faïence et d'émaux de couleurs, elle est un des types les plus complets et les plus parfaits de l'architecture mauresque à Alger.

TRÉSOR ET POSTES. Le local où sont établis ces deux services est une ancienne caserne des janissaires, que l'on appelait caserne *Karatine* et que l'on prétend avoir été bâtie par Kaïr-ed-din. Il se compose de deux bâtiments à un étage, au centre de chacun desquels est une vaste cour décorée de vingt colonnes de pierre qui soutiennent une galerie semblable. Dans chaque cour est une fontaine de construction mauresque, entourée de plantes verdoyantes et de fleurs odoriférantes.

LYCÉE. Le lycée a été installé dans une ancienne caserne appelée *dar yenkcheria m'ta Bab-Azoun*, la maison des janissaires de Bab-Azoun ; c'était la caserne la plus grande sous tous les rapports, aussi l'appelait-on *el-Kebira*. Une inscription traduite par M. Bresnier fait remonter la construction de ce bâtiment à l'année 1548. La caserne Bab-Azoun était un foyer permanent de révoltes ; de ses murs sont sortis plusieurs deys ou hauts dignitaires. Ces parvenus se sont quelquefois souvenus de leur caserne, et plusieurs d'entre eux ont fait arranger d'une manière splendide les humbles chambres où ils avaient longtemps couché comme soldats, consacrant le souvenir de cette libéralité par des inscriptions gravées généralement sur marbre; c'est ainsi qu'on y lit encore celles d'Ismaël ben Ismaël, khaznadjar 1183 de l'hégire (1769 de J.-C.); d'Hassen Pacha Ouzen Hassen, 1211 (1796); d'Ibrahim, agha des Arabes, 1242 (1826), cette dernière au-dessus de la porte d'une pièce à double colonnade en marbre et revêtue de carreaux de faïence. L'Ibrahim en question était gendre du dernier dey, et c'est lui qui perdit la bataille de Staouéli, le 19 juin 1830. Sauf des aménagements intérieurs pour l'installation du lycée, et la suppression d'une fontaine, la caserne des janissaires a peu changé d'aspect; elle a conservé son immense cour, ses cloîtres au rez-de-chaussée et au premier étage et ses nombreux piliers supportant de belles treilles.

La BANQUE DE L'ALGÉRIE, rue de la Marine, est aussi établie dans une ancienne caserne de janissaires, que l'on nommait *m'ta djeroud*, caserne des Escaliers.

THÉATRE.

Le seul monument remarquable, dû exclusivement à nos architectes, est le THÉATRE IMPÉRIAL.

Aussitôt après la prise d'Alger, on songea à construire un théâtre; mais provisoirement on appropria pour cet usage une maison mauresque de la rue de l'*État-Major* Plus tard, on construisit, sur la place du Gouvernement, le *Théatre de Mayeux*, qui a disparu dans l'incendie de la Djenina, en 1845.

En 1846, Laurençon ouvrit le *Théatre de la Bosa* qui vécut jusqu'en 1848, époque à laquelle on le transforma en club. Cependant Alger grandissait, sa population augmentait, on se décida à construire un théâtre en rapport avec l'importance de la ville et le chiffre de la population. MM. Chasseriau et Ponsard dressèrent les plans, et M. Sarlin exécuta les constructions de la salle actuelle sur la place Bresson.

L'édifice, complètement isolé des bâtiments voisins, a une façade de 30 mètres de largeur, décorée de sept portiques donnant entrée sur un vestibule grandiose, d'où partent des escaliers de marbre d'une grande beauté. Des colonnes, des mascarons, des statues emblématiques, des frises et corniches festonnées que domine un aigle gigantesque, ornent la façade. La salle, qui contenait primitivement 1119 places, a été récemment remaniée par MM. Dumay et Bullot, et en contient maintenant 1,534 ; la décoration, de Cambon, est gris clair et or avec des draperies rouges ; le plafond où se suspend un lustre étincelant, imite une coupole azurée, fleurie et historiée d'emblêmes. Un magnifique foyer qui occupe toute la façade en vue de la mer, est éclairé par des doubles fenêtres à entre-colonnements. Au-dessus, s'élève encore un autre foyer, dit des *fumeurs*, communiquant avec les vastes terrasses qui entourent la voûte de l'édifice recouverte en zinc. Derrière le théâtre, est un escalier monumental qui met la place Bresson en communication avec la rue Napoléon.

ÉDIFICES RELIGIEUX.

La CATHÉDRALE, *Eglise St-Philippe*, sur la place de l'Évêché, s'élève sur l'emplacement d'une ancienne mosquée qui a servi d'église pendant plusieurs années. Depuis quinze ans en voie d'agrandissements successifs, elle formera définitivement un long vaisseau avec transsept surmonté d'une coupole. L'autel, contrairement à la tradition, sera tourné vers l'Ouest. La façade de l'édifice est composée d'un portique à trois arcades, flanquée de deux tours carrées jusqu'à l'entablement, et octogones à partir de là. Cet entablement est terminé par un ornement dentelé copié, comme l'ensemble du monument, sur l'architecture arabe. Un large escalier d'une vingtaine de marches en granit, conduit au portique. La voûte de la nef est couverte d'arabesques stuquées dues au ciseau de MM. Fulconis et Latour, elle retombe sur une série d'arcades supportées par des colonnes en marbre dont quelques-unes soutenaient le dôme de l'ancienne mosquée que l'église a remplacée. Dans la nef, est une chaire formée avec les marbres qui composaient l'ancienne tribune de la mosquée. Le chevet de l''église et le chœur sont en construction ; ils sont séparés de la partie ouverte aux fidèles par un immense panneau décoré dans le style byzantin.

Dans la chapelle de droite, en entrant dans l'église, s'élève un bloc de pisé, masqué par un revêtement en marbre blanc, qui recouvre les ossements de Géronimo. On y lit cette inscription en lettres d'or :

OSSA
VENERABILIS SERVI DEI GERONIMO
QUI
ILLATAM SIBI PRO FIDE CHRISTIANA MORTEM OPPETISSE
TRADITUR
IN ARCE DICTA A VIGINTI QUATUOR HORIS
IN QUA INSPERATO REPERTA
DIE XXVII DECEMBRIS ANNO MDCCCLIII

Ce qui signifie :

Ossements du vénérable serviteur de Dieu Géronimo, qui, selon la tradition, a souffert la mort pour la foi du Christ, au fort des Vingt-Quatre Heures, où ses restes ont été retrouvés d'une manière inespérée le 27 décembre 1853.

C'est en procédant, en 1853, à la destruction du fort des Vingt-Quatre Heures, qu'on découvrit dans le saillant N. E., par l'explosion d'un pétard qui fendit un bloc de béton dans le sens de la longueur, un squelette humain qui fut reconnu pour être celui d'un jeune Arabe, Géronimo, martyrisé dans ce fort le 15 septembre 1569.

Déjà, il y a une quinzaine d'années, M. Berbrugger, conservateur du Musée et de la Bibliothèque d'Alger, avait, en traduisant une histoire d'Alger écrite par l'Espagnol Haëdo, appelé l'attention sur Geronimo. Il résultait des indications d'Haëdo que Geronimo, devenu chrétien, n'ayant point voulu renier sa foi nouvelle, avait été jeté vivant dans une caisse à pisé et maçonné dans le mur.

Le squelette du martyr fut transporté en grande pompe, à la cathédrale, le 28 mai 1854, par Mgr l'évêque d'Alger.

Dans la chapelle voisine, on remarque une statue de la Vierge, en bois, délicatement travaillée et couronnée d'un diadème d'argent repoussé. Cette statue a été rapportée de Sébastopol par M. le chanoine G. Stalter.

L'église NOTRE-DAME-DES-VICTOIRES, à l'angle des rues Bab-el-Oued et de la Casbah, est l'ancienne mosquée bâtie au XVIᵉ siècle par Ali-Bitchenin, un des plus audacieux corsaires algériens. C'est un quadrilatère dont les piliers carrés supportent un vaste dôme entouré de petites coupoles. La porte donnant sur la rue de la Casbah est fort belle et mériterait d'être transportée au Musée. Extérieurement, le monument a conservé ses boutiques mauresques sur la rue Bab-el-Oued et sa fontaine placée au pied du minaret carré.

L'église SAINTE-CROIX, en face de la Casbah, est une autre mosquée très petite qui n'a de remarquable que sa position pittoresque au sommet de la ville.

La chapelle SAINT-AUGUSTIN, au faubourg Bab-Azoun, est un bâtiment provisoire construit en planches, il y a une douzaine d'années.

Les pères JÉSUITES ont dans leur maison, rue de la Licorne, plusieurs chapelles ouvertes aux fidèles.

Les prêtres LAZARISTES ont une charmante chapelle, rue du Vinaigre, à côté d'un joli jardin parfaitement entretenu. Une imitation du Saint-Sépulcre, au pied du grand escalier, mérite d'être visitée.

Le TEMPLE PROTESTANT, rue de Chartres, est un vaisseau terminé en hémicycle, entouré de galeries supportées par des colonnes. La façade se compose d'un beau portique formé de quatre colonnes cannelées de l'ordre toscan, soutenant un fronton. On y remarque une belle table de communion en marbre blanc et une jolie chaire en bois de noyer.

La SYNAGOGUE, rue Caton, est un monument dans le style mauresque, terminé en coupole.

La GRANDE MOSQUÉE, *djama kebir*, rue de la Marine, est la plus ancienne d'Alger et date du milieu du X⁰ siècle. Elle couvre une superficie de 4,600 mètres carrés, et fait face au N. à la rue de la Marine, au S. à la mer, à l'E. à la rue du Sinaï. La galerie de 14 arcades sarrazines, de 3 mètres d'ouverture chacune, qui courant de l'E. à l'O., longe au S. la rue de la Marine, figure les portes de la grande mosquée. Elle a été construite depuis notre occupation, par les condamnés militaires, avec de magnifiques colonnes en marbre blanc provenant d'une mosquée qui occupait une partie du périmètre de la place du Gouvernement. Une fontaine formée de deux belles vasques en marbre a été élevée au milieu de la galerie sous un portique également remarquable. Enfin, on a remis au jour l'inscription romaine placée à la base du minaret et provenant des ruines d'Icosium dont les matériaux ont souvent servi pour la construction d'Alger.

..... VS RVFVS AGILIS F. FL.
..... ATVS D. S. P. DONUM D.

L'édifice comporte une série de travées séparées par des arcades dentelées, s'appuyant sur des piliers carrés, et supportant des toits à angles obtus, dont les poutrelles, jadis sculptées et peintes de riches couleurs, sont recouvertes par des tuiles creuses. Il prend jour par les portes ouvrant sur la galerie de la mer, et par les arcades de la cour contre un des côtés de laquelle est adossée la fontaine aux ablutions. Les murs intérieurs sont blanchis à la chaux et la mosquée n'a d'autre décoration que des nattes étendues, à terre ou déroulées autour des piliers à hauteur d'homme. La grande mosquée est affectée au culte musulman du rite maleki, qui est celui des Arabes et des Maures.

La Mosquée de la Pêcherie, *djama djedid*, au bout de la rue de la Marine, en face de la place Mahon, est bâtie en forme de croix grecque, avec une grande coupole ovoïde, et quatre petites. La tradition prétend que l'esclave génois qui la fit élever, au XVIᵉ siècle, fut brûlé vif pour avoir osé donner à une mosquée la forme d'une église. Cette mosquée est affectée au rite hanefi, que professent les Turcs. L'intérieur de l'édifice est très simple et la galerie, ouverte sur la mer, ne mérite pas l'éloge qu'en a fait Léon l'Africain. Le minaret est une tour carrée, revêtue d'émail, dans laquelle on a établi, depuis la démolition de la Djenina, l'horloge de la ville. Nous recommandons à l'attention des visiteurs de la mosquée : la chaire en marbre blanc sculpté et un magnifique manuscrit in-folio, du Koran, envoyé par un sultan de Constantinople à un pacha d'Alger ; chaque page de ce manuscrit est un prodige d'ornementation ; ce Koran surpasse de beaucoup tout ce que nos moines du moyen-âge et d'une partie de la Renaissance ont laissé en calligraphie enluminée.

La mosquée Sidi Ramdan, dans la rue du même nom est construite sur le même plan que la grande mosquée, des colonnes supportant des toits en tuiles.

La mosquée de la rue Kleber, *djama safir*, n'offre rien de remarquable.

Ces quatre mosquées sont les seules qui soient en correspondance ostensible par les signaux et l'appel vocal aux heures de prières. Le jour, c'est une petite bannière blanche ou verte ; la nuit, c'est un fanal que l'on hisse à une potence fixée sur les minarets, pour appeler les fidèles que la voix du crieur ne pourrait atteindre.

Il y a en outre à Alger deux mosquées de second ordre.

La première, Djama Mohammed ech Cherif, est située dans le carrefour formé par les rues Kléber, Damfreville et du Palmier. C'est une des plus vieilles d'Alger. Sidi Mohammed ech Chérif, auquel les Musulmanes infécondes viennent demander la maternité, est enterré dans cette mosquée.

Au-dessus du jardin Marengo est la seconde, Djama Abd-er-Rhaman. Cette mosquée, est après celle de *Sidi bou Medin*, près de Tlemcen, la plus curieuse et la plus riche de l'Algérie. C'était en quelque sorte le Saint-Denis des pachas d'Alger ; aussi y voit-on, dans une longue salle au milieu de laquelle se trouve la tombe du patron de l'endroit, les tombeaux de plusieurs deys et hauts fonctionnaires ; on y a enterré en dernier lieu le fameux Ahmed, dernier bey de Constantine. C'est là qu'ont été transférés, en 1662, après la destruction de la mosquée Ouali-Dada, située rue du Divan, les restes du marabout dont cette dernière mosquée portait le nom, et qui selon la légende, vint de l'Orient par mer et sur une natte, aborda à Alger avec son fusil et sa masse d'armes et contribua à la défaite de Charles V. Comme la précédente, elle est fréquentée par les femmes.

Des cent mosquées de troisième ordre qui existaient au moment de la prise d'Alger, quatre-vingt à peu près ont été vendues par le Domaine, occupées militairement ou démolies. Parmi celles qui restent, il faut citer djama *Sidi-Bou-Gueddour*, rue Kléber ; djama *Sidi-Abd-Allah*, dans la rue du même nom.

Quelques-unes sont de simples koubbas où reposent des marabouts. Celle de *Sidi-Abd-el-Kader-el-Djilali*, au faubourg Bab-Azoun, près de la rampe qui conduit au port, aurait été bâtie à l'endroit même où enseignait ce docteur de l'islamisme, qui était de Bagdad. Sidi Abd el Kader el Djilali est le patron des voyageurs, mais surtout des mendiants accroupis le long des chemins ou des rues, au coin des voûtes ou des portes, répétant sans cesse, en tendant leur sébile :

« Donnez-moi par la face de Sidi Abd el Kader, pour l'amour de lui, et pour l'amour de Dieu! » — « Thatini ala ouedjh Sidi Abd el Kader ou ala Khrathrou ou ala Khrater Rabbi. »

Dans plusieurs de ces koubbas, petites constructions isolées, recouvertes d'une coupole, on ne trouve guère que le tombeau du marabout, protégé par un grillage en bois peint de couleurs riantes, environné de drapeaux de soie et de pans d'étoffes offerts en manière d'*ex voto.* »

Cimetières. — Le cimetière chrétien, divisé d'après les diverses communions, est situé en dehors du faubourg Bab-el-Oued, sur la route de Saint-Eugène, vis-à-vis du fort des Anglais. — Les musulmans ont deux cimetières : l'un à Mustapha, l'autre sur le versant nord de la Casbah. — Le nouveau cimetière des israélites est à Bab-el-Oued, un peu plus loin que le cimetière chrétien auquel il est contigu.

AQUEDUCS ET FONTAINES.

Quatre aqueducs créés par le pacha Husscin, en 1622, et une source dite du Rempart alimentent les fontaines d'Alger. L'aqueduc du Hamma, dont la source est à 5 kilomètres de la ville, près du café des Platanes, et qui entre dans Alger par Bab-Azoun, a été construit par Sta Moussa, maure andalou ; l'aqueduc de Telemli, à Mustapha-Supérieur, entre par la Porte-Neuve, après un parcours de 2 kil. ; l'aqueduc d'Aïn-Zboudja, dont la source est à 19 kilomètres aux environs de Ben-Aknoun, entre dans la Casbah par les Tagarins ; enfin, l'aqueduc de Birtraria, amenant les eaux de la vallée du fort l'Empereur, entre par Bab-el-Oued.

Ces aqueducs, tels que les maures nous les avaient laissés, étaient mal tracés et mal construits ; nous avons dû les restaurer ou les reconstruire en totalité, rectifier leur parcours et leur pente, substituer des tuyaux en fonte aux tuyaux de poterie qui. suffisants pour la ville arabe. rompaient sous le poids de nos voitures.

Alger possède quelques fontaines monumentales : ce sont celles de la place de Chartres, de la place du Gouvernement et de la grande Mosquée. On peut encore étudier les différents types des fontaines mauresques : dans les anciennes casernes de la rue Médée et de la rue Bab-Azoun, et dans la grande Mosquée, dans les rues de la ville haute, enfin à la Marine, près le pavillon de l'Amirauté.

Un immense monument souterrain est le grand égoût de ceinture qui se déverse, au nord, derrière le Fort-Neuf, et, au sud, derrière le fort Bab-Azoun.

CURIOSITÉS ARCHÉOLOGIQUES.

Dans une savante notice dans laquelle il a déterminé d'une manière irréfragable la position d'ICOSIUM, la ville à laquelle a succédé plus tard, l'*El-Djezaïr* des Arabes, notre Alger actuel, M. Berbrugger mentionne une importante inscription romaine découverte par lui dans la boutique d'un cloutier d'Alger, sur une énorme pierre cubique enlevée à l'une de ces constructions mauresques en ruine que l'on rencontre fréquemment dans le haut de la ville. Le précieux bloc étant sorti de la boutique du cloutier auquel il servait d'enclume, pour être employé comme pierre de construction, le passant peut lire aujourd'hui cette curieuse inscription dans le quartier bas d'Alger, sur un pilier d'angle, au coin des rues Bab-Azoun et du Caftan :

```
     I ou P SITTIO MEQIR
       PLOCAMIANO
          ORDO
      ICOSITANORVM
   M. SITTIVS. P. F. QVI
       C ECILIANVS
        PRO FILIO
      PIENTISSIMO
          HRIR
```

Le mot essentiel de cette inscription votive est celui de la quatrième ligne, ICOSITANORVM formé du nom ICOSITANVS qui s'appliquait aux habitants d'Icosium.

TOMBEAU ET CHAMBRE SÉPULCRALE. — En ouvrant les tranchées pour l'établissement des fondations du nouveau lycée, au jardin Marengo, on découvrit, le 16 juin 1863, un monument dont la base seule subsistait. M. Berbrugger, informé immédiatement de cette découverte, se rendit sur les lieux et, après avoir examiné ces restes antiques, il reconnut que ce monument était un tombeau et déclara qu'on y trouverait probablement une chambre sépulcrale, ajoutant que si, comme tout portait à le croire, il remontait à l'époque où l'on brûlait les corps, il présenterait des niches avec des ossuaires et des vases.

Des fouilles furent immédiatement commencées sous la direction du savant archéologue. Le monument se trouvait à 12 mètres 50 centimètres au-dessous de l'ancien sol algérien, entre le marabout de Sidi-Ameur-Tensi et le palmier qui a été transporté depuis quelque temps sur la place du Gouvernement. Des racines de cet arbre avaient même pénétré dans l'intérieur de la construction romaine. M. Berbrugger fit pratiquer une ouverture assez large pour lui permettre de descendre par la voûte et, arrivé au fond du caveau, il reconnût que ces prévisions étaient pleinement confirmées et qu'il se trouvait dans un ces hypogées que les anciens appelaient *sepulchrum familiare* ou sépulture de famille.

Cet hypogée est un caveau voûté haut de 2 mètres 65 centimètres et large de 2 mètres 21 centimètres. Dans chacun des murs sont creusées des niches *(columbaria)* sous lesquelles règne, tout autour, de la pièce une banquette ou *podium*. L'entrée du monument était sous le sol romain et masquée par un mur en maçonnerie de blocage. Après avoir démoli ce mur et enlevé une grande dalle formant plafond sur un couloir, on pût pénétrer dans celui-ci. Ce petit couloir contient deux niches et est séparé de la chambre sépulcrale par une dalle placée dans un cadre en pierre. Les pivots de cette porte basse sont taillés dans la dalle et roulent dans des crapaudines creusées à même le seuil et le liteau. Après avoir, en se courbant, franchi la porte, descendu les trois marches qui la suivent et sauté en bas du *podium*, on est sur le roc vif, au fond de l'hypogée. On a alors au-dessus de la tête une voûte très épaisse en blocage, où se voit l'empreinte des joncs de la chape ou échaffaudage qui a servi à la construction. Ce système est encore pratiqué de nos jours par les maçons indigènes.

On a recueilli dans l'hypogée deux lampes, dix-huit beaux vases en verre, de différentes formes et dimensions, et quinze en terre, tous d'une conservation parfaite. Ces objets ont été déposés au Musée d'Alger.

Afin de conserver ce précieux monument qui permet de se faire une idée de ce qu'était une belle sépulture romaine à Icosium (Alger) vers l'époque des Antonins, l'Administration supérieure a décidé que la partie extérieure serait employée à une fontaine dans la cour du nouveau lycée et que l'on conserverait l'hypogée en place, en faisant passer par-dessus, en arcade, les deux murs de fondation, qui ont leur point d'intersection juste au-dessus du monument.

La découverte, dans l'hypogée et dans les vases, d'ossements calcinés, établit que le monument appartient à la période de la crémation. celle où l'on brûlait les cadavres, Or, comme l'usage de brûler les corps ne prévalût sur l'inhumation que dans la période moyenne, on peut être certain que cette sépulture date au moins de 16 à 17 siècles.

LE MUSÉE
LA BIBLIOTHÈQUE
L'EXPOSITION PERMANENTE

GUIDE A ALGER

LE MUSÉE — LA BIBLIOTHÈQUE

L'EXPOSITION PERMANENTE

—

NOTICE HISTORIQUE.

Créée nominalement le 13 octobre 1835, la Bibliothèque d'Alger ne fut réellement constituée qu'en 1838, époque à laquelle elle fut transférée de la maison domaniale qui lui avait été affectée, rue Philippe, dans une partie des bâtiments occupés aujourd'hui par le Lycée, rue Bab-Azoun. M. Adrien Berbrugger, secrétaire du maréchal Clauzel, nommé bibliothécaire par arrêté ministériel du 13 octobre 1835, fut chargé de l'organisation du nouvel établissement, qu'il enrichit de nombreux manuscrits arabes recueillis par lui dans les expéditions de Mascara, Tlemcem, Médéah, Constantine. Bientôt le *Musée* fut créé par M. l'intendant civil Bresson, et, placé sous la même direction, il occupa aussi une salle du Lycée actuel. En 1848, la Bibliothèque et le Musée succédèrent à la direction politique, dans la belle maison de la rue des Lothophages, n° 18, qu'ils quittèrent en 1863 pour être installés dans l'ancien palais de Mustapha-Pacha, rue de l'Etat-Major.

BIBLIOTHÈQUE.

La *Bibliothèque* est ouverte au public les lundi, mercredi et vendredi de midi, à cinq heures, sauf pendant les vacances qui ont lieu du 1er août au 30 septembre. Sans pouvoir rivaliser avec les établissements analogues de France, où s'accumulent depuis des siècles toutes les productions des lettres, des arts et des sciences, elle possède déjà 9,000 volumes. Il est regrettable que le dépôt légal, source si féconde pour la Bibliothèque impériale de Paris, institué ici à la demande du conservateur et dans l'intérêt de la Bibliothèque, ne profite nullement à cette dernière qui ne reçoit aucun des exemplaires de cette provenance.

La Bibliothèque comprend quatre sections, savoir :

1º Imprimés ;

2º Manuscrits ;

3º Cartes, plans, collections d'estampes ;

4º Papiers et documents divers.

La section des *Manuscrits* se compose d'environ 1,100 manuscrits, dont plus de 400 recueillis par le conservateur. Ces 1,100 volumes contiennent à peu près 3,000 traités ou opuscules sur presque toutes les branches des connaissances humaines, au point de vue arabe : théologie, droit, langues, belles-lettres et sciences, histoire et géographie, biographie et bibliographie. Parmi ces manuscrits, on remarque surtout plusieurs exemplaires du *Coran*, dont un en caractères coufiques et quelques autres d'une belle exécution calligraphique, avec illustrations en or et en couleur. Dans la quatrième section sont classées des collections de papier, dont la majeure partie provient, ou d'archives des consulats, ou de la Compagnie d'Afrique, documents fort utiles pour l'histoire des relations commerciales et diplomatiques des puissances européennes et surtout de la France avec l'ancienne Régence d'Alger ; on y trouve également beaucoup de lettres originales, turques ou arabes, fort intéressantes, au double point de vue de l'histoire et de l'étude des langues.

MUSÉE.

Cet établissement est ouvert au public les mêmes jours que la Bibliothèque. Il se divise en quatre sections :

1° Antiques ;

2° Monuments indigènes, épigraphiques et autres ;

3° Objets d'art arabe ;

4° Histoire naturelle.

Ces quatre sections comprennent des statues, des inscriptions, des médailles, des fossiles, des échantillons de minéralogie et quelques animaux empaillés.

Parmi les statues et fragments de statues, provenant de tous les points de l'Algérie, on remarque .

N° 198. — *Un Neptune*, de 2 mètres 40 cent. de hauteur, trouvé à Cherchell, dans les thermes occidentaux, en 1856.

N° 199. — *Un Torse de Vénus*, de même provenance, qui semble être un produit de l'art grec et qui est ce qu'on a trouvé jusqu'ici de plus beau en ce genre en Algérie.

N° 200. — *Une Statue de jeune fille romaine*, trouvé à Cherchell, morceau remarquable par le bon style des draperies. La tête, d'un autre marbre, a été changée dès l'époque romaine ; le ciment par lequel elle adhérait au reste de la statue est encore apparent.

N° 201. — *Un groupe de l'Hermaphrodite au serpent.*

N° 202. — *Une Statuette de Vénus*, en bronze. Cette jolie réduction d'un type bien connu, la Vénus sortant de l'onde, a été trouvée dans les thermes orientaux de Cherchell.

No 63. — *Une Statue de Bacchus*, en marbre, d'une exécution médiocre, mais très bien conservée, trouvée dans les ruines de Tanaramusa Castra, près de Mouzaiaville, le 28 avril 1855. Le dieu est représenté jeune et nu. Une couronne de pampres ceint sa chevelure luxuriánte, qui lui retombe sur les épaules. De la main droite, il tient un canthare avec lequel il verse du vin à un tigre assis à côté de lui; de la gauche, il tient un thyrse.

No 19. — *Une tête de Pomone*, en marbre, trouvée en creusant les fondations d'une maison auprès de la Casbah, à Alger. Grandeur naturelle. Chevelure exubérante, relevée et rejetée en arrière comme dans la coiffure dite à l'impératrice, elle retombe en belles boucles largement ondulées jusqu'au dessous de la nuque. La tête, jeune et d'une jolie expression, est penchée à droite. Au dessus de la tempe gauche et tout près de la raie, est coquettement fixée une rosace d'où rayonnent six feuilles et d'où pend une poire ou du moins un fruit qui en a exactement la forme.

No 35. — *Une idole Berbère*. C'est une espèce de terme qui mesure 1 mèt. 20 sur un diamètre de 0 mèt. 30. Tête grossièrement sculptée, nez accusé très faiblement, petits trous ronds pour les yeux et les oreilles, cornes recourbées et la pointe en bas, bras collés au corps et dont les mains viennent se joindre au dessus du nombril. La partie inférieure du corps se termine en gaîne.

No 238. — *Un Sarcophage* complet en marbre blanc avec cercueil en plomb et squelette. Très curieux échantillon fort bien conservé de la sculpture byzantine, trouvé à Dellys en 1857. Vingt figures en ronde bosse sont distribuées dans sept arcades qui règnent sur la face antérieure, la seule qui soit travaillée, et forment une véritable galerie.

No 68. — *Un siège de bain* romain, *Sella balnearis*, en marbre blanc. Ce siège, trouvé à Alger, sous une boutique de l'ancienne place Juba, a la forme d'un fauteuil qui aurait les bras et les pieds engagés. Il est percé d'un trou qu'on avait bouché après la découverte, au moyen d'un disque placé sur une rainure. Dans l'origine, ce trou était ouvert pour laisser monter la vapeur sur le baigneur que l'on massait et frottait.

Dans un autre ordre d'antiquités, nous devons citer quelques fragments de mosaïque :

N° 44. — *La Femme aux canards.* Cette mosaïque trouvée à Aumale, en 1851, représente une femme en marche et nue, sauf la tête, les épaules et le dos qui sont recouverts par une peau de panthère. Elle porte un hoyau sur l'épaule droite et tient deux canards de la main gauche, se dirigeant au milieu de plantes hautes qui rappellent certains grands chardons qu'on trouve dans quelques endroits de ce pays.

N° 43. — *Thétis.* La néréïde est montée sur un hippocampe ou cheval marin ; un génie de la mer lui présente la lyre d'Apollon, un des dieux qui la recherchèrent. Autour d'elle sont des poissons et des herbes marines. Ce panneau, qui a été trouvé avec le précédent et appartenait à la même mosaïque, est bien supérieur au premier comme dessin. L'un et l'autre portent les traces de restaurations antiques faites avec peu de soin et encore moins de talent.

N° 20. — Divers fragments d'une mosaïque découverte à Oudna, sur la route de Tunis à Zar'Ouan.

1° *Amphitrite* montée sur un hippocampe ;

2° *Neptune* conduisant son char traîné par deux chevaux marins ;

3° *Génie de la mer*, représenté jeune, nu, aîlé, debout sur un dauphin et tenant un trident de la main gauche.

N° 67. — *Une mosaïque,* trouvée en 1844, en creusant les fondations de la cathédrale d'Alger.

Les inscriptions sont de deux genres : les unes, la plupart votives ou tumulaires, appartiennent à l'époque de la domination romaine ; les autres sont arabes et turques. Les visiteurs du Musée trouveront l'explication de ces épigraphes, ainsi que la description des statues et bas reliefs dans l'excellent *Livret explicatif du Musée*, auquel nous avons emprunté les notices qui précèdent, livret rédigé par M. A. Berbrugger, conservateur de l'établissement et inspecteur général des monuments historiques et archéologiques de l'Algérie.

Le Musée possède une collection remarquable de vases antiques, lampes, lacrymatoires, ustensiles en bronze et en terre, briques et tuiles romaines. Nous recommandons spécialement à l'attention des amateurs d'antiquités : — les nᵒˢ **42** et **43**, vases étrusques, trouvés dans des sépultures, en 1854, à Ben-Gazi *(Bérenice)*, dans la régence de Tripoli ; — le nᵒ **182**, *Dolium*, trouvé dans les ruines de Tanamarusa, (le dolium est un vase d'une très grande capacité dans lequel les Romains déposaient le vin nouveau jusqu'à ce qu'il fût mis en amphore) ; — le nᵒ **64**, beau vase romain en terre, de la forme des amphores, qui mesure 1 mèt. 25 sur 0 mèt. 60 ; — enfin, une série de vases en verre, ossuaires, lacrymatoires, etc., trouvés dans la chambre sépulcrale du Jardin-Marengo le 24 juin 1863.

La collection des médailles est assez nombreuse. Elle comprend des monnaies indigènes frappées à diverses époques dans les différentes villes de l'Algérie, et un assortiment à peu près complet de la monnaie dite *chkôthi*, dont la Compagnie de la Calle se servait dans ses transactions avec les indigènes.

La minéralogie offre plus de douze cents échantillons apportés des divers points de l'Algérie. Le nombre des fossiles est peu considérable ; il faut mentionner des dents d'éléphant trouvées dans la marne marine de Douéra et des impressions de poissons recueillies dans la province d'Oran.

Dans une des galeries du Musée, on voit une copie, par Ronot, du grand tableau de Gendron, représentant les chefs du Caire faisant leur soumission à Bonaparte ; — une autre toile remarquable de Morel Fatio, reproduit la tempête du 11 février 1835 ; quelques petits tableaux de paysages sont, avec ces deux toiles, tout ce que le Musée possède en fait de peintures.

EXPOSITION PERMANENTE

des produits de l'Algérie.

L'Exposition permanente des produits de l'Algérie est établie rue Bab-Azoun, dans une des salles de l'ancienne caserne des tourneurs, occupée aujourd'hui par les services de la Trésorerie et des Postes. Elle est ouverte au public les jeudis et les dimanches ; un catalogue des produits qui se vend 0,25 c. dans le local même, facilite les recherches des visiteurs. Nous nous bornerons donc à indiquer la classification générale des échantillons.

1re SECTION. — *Règne minéral*, 866 échantillons, nos 1 à 866.

2e SECTION. — *Règne végétal*, § 1. Bois, 311 éch., nos 867 à 1177. — § 2. Liéges, 59 éch., nos 1178 à 1236. — § 3. Céréales, 118 éch., nos 1237 à 1354. — § 4. Plantes, graines, fruits alimentaires, 112 éch., nos 1355 à 1466. — § 5. Graines oléagineuses, 25 éch., nos 1467 à 1491. — § 6. Plantes fourragères, 10 éch., nos 1492 à 1501. — § 7. Plantes tinctoriales, 45 éch., nos 1502 à 1546. — § 8. Plantes textiles, 147 éch., nos 1547 à 1693. — § 9. Plantes diverses, 18 éch., nos 1694 à 1711. — § 10. Tabacs, 104 éch., nos 1712 à 1815. — § 11. Sucs et produits végétaux, 93 éch., nos 1816 à 1909.

3e SECTION. — *Règne animal.* § 12. Produits et dépouilles d'animaux, 94 éch., nos 1910 à 2003. — § 13. Teintures animales, 8 éch., nos 2004 à 2012.

4° Section. — § 14. *Armes*, 78 éch., nᵒˢ 2013 à 2090. — § 15. *Bijoux*, 31 éch., nᵒˢ 2091 à 2121. — § 16. *Sellerie*, équipements de cavalerie, 38 éch., nᵒˢ 2122 à 2159. — § 17. *Chaussures*, 26 éch., nᵒˢ 2160 à 2185. — § 18. *Vêtements*, 72, éch., nᵒˢ 2186 à 2257. — § 19. *Tapisseries*, tissus, laines ouvrées, 132 éch., nᵒˢ 2258 à 2389. — § 20. *Instruments aratoires* et autres, 25 éch., nᵒˢ 2390 à 2414. — § 21. *Ustensiles de ménage*, 93 éch., nᵒˢ 2445 à 2507. — § 22. *Poteries*, 133 éch., nᵒˢ 2506 à 2640. — § 23. *Sparteries*, 90 [éch., nᵒˢ 2641 à 2730. — § 24. Objets divers, 91 éch., nᵒˢ 2731 à 2821.

Histoire naturelle : Mammifères, 69 éch., oiseaux, 357 éch., œufs, 357 éch.

ENVIRONS D'ALGER

ENVIRONS D'ALGER.

—

LE FRAIS-VALLON.

Des omnibus partent d'Alger à 6 h. et 10 h. 1/2 du matin, à 1 h. 1/2 et 5 h. 1/4 du soir. Les départs du Frais-Vallon ont lieu à 7 h. du matin, midi, 3 h. 1/2 et 5 h. 3/4 du soir. A dater du mois d'octobre jusqu'au mois d'avril, tous les départs, tant d'Alger que du Frais-Vallon, ont lieu une heure plus tard.

Les voitures stationnent rue Cléopâtre, à côté de la librairie Bastide.

« Lorsqu'au sortir de la porte Bab-el-Oued, on est arrivé, par la route du faubourg, jusqu'au grand ravin au milieu duquel s'élève la Cité Bugeaud; tournant brusquement le dos à la mer, on a en face de soi la poudrière; de la base du mamelon qu'elle couronne et de chaque côté, un chemin aux contours multipliés s'élève dans le massif du Bou-Zaréah. On ne quitte pas la rampe Est, la moins escarpée et la plus courte aussi des deux : elle conduit, en quelques minutes, à l'entrée du *Frais-Vallon*, A partir de ce point, la scissure de la montagne se resserre entre deux berges escarpées, retraite ombreuse et paisible, toujours abritée, comme l'indique son nom, des ardeurs du soleil. Un ancien sentier arabe, rendu carrossable par de récents terrassements, sans que la hache et la pioche en ait trop mutilé la voûte verdoyante, sillonne à mi-côte le flanc gauche de ce coin de nature suisse, qu'on dirait avoir été transporté, d'un seul bloc, des Alpes au fond d'une anfractuosité du Sahel. Bientôt, à 2,300 mètres d'Alger, la voie s'abaisse et s'arrête brusquement, dans un défilé si étroit, que la place semble avoir manqué pour continuer le déblai. Un café indigène de construction mauresque, avec une fontaine à ses pieds, borde l'oued, presque à sec l'été, et qui gronde, l'hiver, en franchissent la cascade, au devant du moulin. Trois arètes montagneuses séparées par d'abrupts ravins, bornent tout à coup l'horizon. Un sentier sinueux escalade perpendiculairement le versant derrière l'usine. Après une ascension de quelques minutes, se présente l'entrée d'une petite villa arabe. C'est l'avenue directe et naturelle d'Aïoun–Sr'akhna. Au bout d'un jardin couvert d'orangers, de grenadiers, de figuiers et d'amandiers, sourdent plusieurs sources d'eau commune, filtrant à travers le gazon et le sable, ou encaissées dans des bassins. L'une d'elles, renfermée dans une petite koubba, d'où elle coule dans un puisard, se distingue par un isolement particulier, et l'espèce de préférence qui lui a été visiblement accordée. La koubba est celle de Sidi-Medjber et mieux Djebbar, marabout vénéré des musulmans d'Alger. Une tradition, encore conservée, recommande aux femmes divorcées qui veulent retrouver un mari, de faire trois voyages à cet endroit privilégié. Le résulat, ajoute la légende, n'a jamais déçu le vœu des pélerines. Les eaux de la source de Sidi-Medjber sont ferrugineuses, alcalines carbonatées. » — A. BERTHERAND.

BOU-ZARÉAH.

Deux services spéciaux d'omnibus desservent la ligne de la Bou-Zaréah. Les uns partent de la place du Gouvernement, à l'angle de la rue Bab-el-Oued ; les autres, de la rue Cléopâtre, à côté de la librarie Bastide. Les heures de départ sont les mêmes : 5 h. 1/4 et 10 h. 1/4 du matin, 5 h. 1/4 du soir. Les départs de la Bou-Zaréah ont lieu, pour les premières, à 8 h. et 11 h. 1/2 du matin et 6 h. 1/4 du soir ; pour les secondes, à 8 h. 1/2 du matin, midi et 6 h. 1/2 du soir.

A dater du 1er octobre et pendant tout l'hiver, ces départs ont lieu une heure plus tard.

Outre ces omnibus qui ne vont que jusqu'au troisième tournant du Bou-Zaréah, il y a des diligences qui desservent aussi le village, en passant par El–Biar. Ces voitures partent à 10 h. du matin et à 5 h. du soir de la place Mahon. Les départs de la Bou-Zaréah ont lieu à 6 h. du matin et à 1 h. après midi.

Un arrêté du 2 octobre 1845 a établi le tarif suivant pour le transport des personnes, au Bou-Zaréah, à dos de mulets : — Pour chaque bête de somme, y compris la rétribution du conducteur : la journée, 4 fr.; la demi-journée, 2 fr. 50 ; la course ou une heure et demie, 1 fr.

Si, au lieu de prendre à gauche, au pied de la poudrière, la route du Frais-Vallon, on continue à droite, on arrive, par une montée rapide, d'abord à *Bir-Semman* et de là au Bou-Zaréah.

Le village de Bou-Zaréah (en arabe, le *père de la semence*, l'endroit fertile), véritable belvédère des environs d'Alger, à 6 kil. de cette ville, occupe le revers supérieur de la montagne, élevée de 407 mètres, dont les escarpements, les contreforts, les rameaux, en se développant en tous sens, forment le principal noyau des coupes mamelonnées du Sahel. Son territoire est déchiré en côteaux escarpés. en ravins profonds, en plis abrités de terrains ; de ses flancs coulent des sources nombreuses, qui répandent la fraîcheur et entretiennent l'ombrage d'un printemps perpétuel dans ces lieux d'un aspect sauvage embellis de riches et nombreuses maisons de plaisance.

L'industrie a déjà tiré grand parti des formations géologiques du Bou-Zaréah. Ses carrières ont bâti la ville et sa chaux est la plus recherchée des environs.

A un kilomètre au-dessus du village, on voit la petite mosquée de Sidi-Nouman et plusieurs koubbas ombragées par des palmiers nains.

Trois chemins relient Bou-Zaréah à Alger : l'un, partant du groupe principal des maisons, à 400 mètres d'altitude, descend du côté de la mer en traversant la vallée des Consuls au-dessus de Saint-Eugène ; l'autre, partant de Bir-Semman. suit le côté opposé de la montagne ; un troisième va rejoindre la route d'Alger dans le Sahel, par El-Biar.

LA CITÉ BUGEAUD. L'HOPITAL DU DEY.
LA VALLÉE DES CONSULS.
NOTRE-DAME D'AFRIQUE. LE PETIT SÉMINAIRE.

Les omnibus desservant cette ligne partent : les uns, de la rue Cléopâtre, à 6 h., à h., 10 h. 1/4 du matin, 2 h., 4 h., 5 h. 1/2 du soir; les autres, de la place du Gouvernement, à l'angle de la rue Bab-el-Oued,

à 6 h. et 10 h. du matin, 1 h. 3/4 et 5 h. du soir. Les départs du Petit Séminaire ont lieu, pour les premiers, à 7 h., 8 h. du matin, midi e demi, 3 h. 1/4, 5 h., 6 h. 1/2 du soir ; pour les seconds, à 7 h. du matin midi, 3 h. 1/4 et 6 h. 1/4 du soir.

A dater du mois d'octobre, pendant tout l'hiver, les départs ont lie une heure plus tard.

Cité Bugeaud. La cité Bugeaud, adossée aux dernières pente du Bou-Zaréah et non loin des carrières dont les pierres on servi, en grande partie, à l'enrochement des jetées du nouvea port, est le quartier manufacturier d'Alger. On y voit de nom breuses usines, des poteries et des fours à chaux.

Hôpital du Dey. Ces bâtiments et le magnifique jardin y atte nant, ont été créés par le dey Baba-Hassen, qui régnait de 179 à 1739. Les constructions contiguës au jardin, du côté de la rout de St-Eugène, et connues sous le nom de *La Salpétrière (Dra-el Baroud,* maison pour la fabrication de la poudre), ont été ter minées en 1815. Ces dernières, comme les bâtiments de plaisance du dey, servent aujourd'hui d'hôpital militaire.

Vallée des Consuls. Cette vallée qui s'étend de la cité Bu geaud au Petit Séminaire, entre deux chaînes du Bou-Zaréah, est ainsi appelée parce que c'était de ce côté que les consuls de France, d'Angleterre et des Etats-Unis avaient, avant 1830, leurs résidences d'été. De nombreuses habitations de plaisance sont éparses dans le vallon.

Notre-Dame-d'Afrique. Au sommet du contrefort du Bou-Za réah qui domine St-Eugène et la Vallée des Consuls, s'élève la chapelle de Notre-Dame d'Afrique, que Mgr l'évêque d'Alger a inaugurée le 20 septembre 1857.

Le Petit Séminaire. Sur le plateau qui domine la Vallée des Consuls, est l'ancien consulat de France, résidence d'été de Mgr l'évêque d'Alger. C'est dans cette charmante villa qu'est établi le petit séminaire.

LE FORT DES ANGLAIS.

SAINT-EUGÈNE. POINTE-PESCADE.- GUYOTVILLE.

Des omnibus pour St-Eugène partent tous les quarts d'heure. Pour la Pointe-Pescade, les départs ont lieu à 5 h., 7 h., 9 h., 11 h. du matin; 1 h., 3 h., 5 h. du soir.

Les départs de la Pointe-Pescade ont lieu à 6 h. 1/2, 8 h. 1/2. 10 h. 1/2 du matin; midi et demi, 2 h. 1/2, 4 h. 1/2, 6 h. 1/2 du soir.

Il n'y a pas encore de service régulier pour Guyotville.

En sortant de la porte Bab-el-Cued, on tourne immédiatement à droite pour gagner le bord de la mer, que l'on suit sans interruption jusqu'à Guyotville. Le petit bâtiment carré que l'on voit sur la droite, sur le glacis, est une espèce de mausolée élevé par la communion israélite d'Alger, à la mémoire d'un de ses grands rabbins. Une double inscription en langue hébraïque et en français indique que ce rabbin était venu d'Espagne en exil et a été inhumé là en 1442.

FONTAINE DES GÉNIES. Au point où la route se resserre brusquement, après avoir dépassé les bâtiments de la *Salpétrière*, au dessous d'une ancienne batterie turque, aujourd'hui abandonnée, se trouvent les *fontaines des génies*. Ce sont des sources qui jaillissent du flanc du rocher sur lequel la batterie était construite. Tous les mercredis, mauresques et négresses viennent y faire leurs ablutions et voir les vieilles *gouzana*, à la machoire édentée, au menton pointu, aux mains amaigries, sombres reines du Sahara, préparer leurs philtres, interroger les entrailles des coqs qu'elles égorgent et prédire l'avenir. D'abord elles allument un petit feu, brûlent de l'encens et de la myrrhe. Cela fait, elles coupent la tête à un coq, dont elles font couler le sang dans ce même feu, en abandonnant la plume au vent, après l'avoir rompue en plusieurs pièces qu'elles sèment de tous côtés. Si la plume va à la mer, cela indique que le sacrifice a été agréable au génie invoqué et que la réussite est assurée; si la plume reste sur le rivage, tout est à refaire.

Vis à vis de la fontaine des génies, est la *Koubba de Sidi-Yacoub*, perchée sur un rocher schisteux que la route a taillé à pic.

FORT DES ANGLAIS. Vis à vis du cimetière européen, sur une masse rocheuse qui s'avance dans la mer, se trouve le Fort des Anglais, qui fût bâti par les Turcs, en 1580, et fût réparé en 1770. Près du fort est le château des Tourelles, où était établie autrefois une fabrique de conserves de sardines.

SAINT-EUGÈNE. Ce village, à 3 kilomètres d'Alger, est une agglomération de jolies villas entourées de jardins, les unes s'étalant le long de la mer, les autres s'abritant dans des ravins ombragés. On y remarque un pont en fil de fer, de 27 mètres de long sur 2 mètres 60 centimètres de large, qui a été établi aux frais de MM. Fèvre et Fléchey, à 8 mètres au-dessus du ravin qu'il franchit. Il porte le nom de pont Salvandy, parce qu'il fut inauguré, le 16 juillet 1846, par M. de Salvandy, alors ministre.

POINTE-PESCADE. La *Pointe-Pescade* ou *Mers-ed-Debban* (le port des Mouches) s'étend sur les flancs inférieurs du Bou-Zaréah, le long de la mer, à 6 kilomètres d'Alger. Dans ses ravins fortement accidentés se cachent de riches et fraîches villas, ombragées par des plantations dont un filet d'eau entretient la verdure. Elle se relie à Alger par une route très fréquentée qui suit les sinuosités du rivage, à travers le paysage le plus sévère. On remarque sur une pointe rocheuse qui avance dans la mer un fort composé de deux constructions que la nouvelle route a séparées, l'une assise sur un récif et que l'on dit avoir été élevée par Barberousse, présente l'aspect d'une ruine ; l'autre fut bâtie en 1671 par El Hadj Ali Agha, le même qui construisit le fort des Anglais. Ce fut, dit la chronique, à l'occasion d'une galère chrétienne qui, jetée à la mer en cet endroit, remit en mer devant les Algériens. Ce bordj a été restauré en 1726 et 1732, en vue de faire face aux attaques des Européens. Un poste de douaniers tient aujourd'hui garnison dans les deux bâtiments. Pour compléter l'énumération des curiosités de la Pointe-Pescade, il faut mentionner : un aqueduc destiné à alimenter les fontaines et abreuvoirs de la route, et jaugeant, par 24 heures, 300 mètres cubes d'eau ; un café maure abrité du soleil par une vigne, des figuiers et un treillis en roseaux ; une source sous de beaux ombrages ; de pittoresques cascades dans un ravin voisin ; enfin, un important gîte de galène.

GUYOTVILLE. De la Pointe-Pescade, la route, dite *du bord de la mer*, passe à Guyotville, village situé à 15 kilomètres d'Alger, au lieu appelé *Aïn-Benian*, au fond d'une crique, à 2 kilomètres à l'est du cap Knater. Ce village fut créé par un arrêté du 19 avril 1845, sous l'administration de M. le comte Guyot, qui autorisa un ancien capitaine de navire marchand à y établir un centre de vingt familles de pêcheurs. Plus tard, l'entrepreneur n'ayant pas rempli toutes les conditions qui lui avaient été imposées, l'administration reprit la direction du village, et l'expérience ayant démontré que, réduite à la pêche, l'existence des colons était trop précaire, des lots de terre furent distribués à ces derniers. Aujourd'hui, la culture de la vigne commence à prendre assez d'extension à Guyotville où, d'ailleurs, elle réussit fort bien.

Sur les plateaux montagneux du voisinage, connus sous le nom de *Baïnam*, qui s'étendent entre la mer, les versants du Bouzaréah et les Beni-Messous, au dessous de l'haouch Kalaa, existent une centaine de dolmens, pareils à ceux de Bretagne, que l'on croit être les tombeaux d'une légion armoricaine qui aurait campé dans les environs. Cette opinion s'appuie sur une inscription tumulaire trouvée à Aumale. On y lit qu'un nommé Gargilius, tribun, commandant des vexillaires, était aussi chef d'une cohorte bretonne, décurion d'Auzia (Aumale), et de la ville romaine de Rusgunia (Matifou). Près de ces dolmens ont été trouvés des hachettes, des couteaux et des dards de flèche en silex.

A 5 kilomètre O. de Guyotville, à la pointe dite *Ras-Knater*, on rencontre des ruines, entre autres celles d'un aqueduc.

Un chemin vicinal, d'une longueur de 7 kilomètres, conduit de Guyotville à Chéragas, à travers un sol mamelonné que coupe le ravin accidenté des Beni-Messous.

LE FORT L'EMPEREUR. EL-BIAR. BEN-AKNOUN.
CHÉRAGAS. STAOUELI.
SIDI-FERRUCH. ZÉRALDA. DOUAOUDA. KOLÉA. FOUKA.
TOMBEAU DE LA CHRÉTIENNE.

Le Fort l'Empereur, El-Biar et Chéragas, sont desservis par des omnibus partant : d'Alger à dix h. du matin et 4 h. 1/2 du soir, et de Cheragas à 6 h. 1/2 du matin et 1 h. du soir.

Staouëli et Sidi-Ferruch sont desservis par les diligences de Coléah Ces diligences ne vont que jusqu'à Staouëli ; mais on trouve là des omnibus et des voitures particulières pour Sidi-Ferruch.

Les diligences pour Coléah partent de la place du Gouvernement, bureau des Messageries générales, à 5 h. 1/2 du matin et 3 h. du soir. Les départs de Coléah pour Alger ont lieu aux mêmes heures.

La route d'El-Biar, qui est aussi une des routes d'Alger à Blidah, commence à la *porte du Sahel*, au point de jonction des rampes Valée et Rovigo.

La rampe Valée part de la porte Bab-el-Oued, contourne le jardin Marengo, traverse la Casbah, passe devant la caserne des Tagarins et joint, à la porte du Sahel, la *rampe Rovigo*, qui part de la rue d'Isly pour monter en corniche jusqu'aux Tagarins.

LE FORT L'EMPEREUR, ou Sultan-Kalassi, est à 2,300 mètres de la Casbah, à 45 mètres au-dessus d'elle, et à 20 kilomètres de la pointe de Sidi-Ferruch. Il fut bâti en 1545 par Hassan-Pacha, sur l'emplacement où l'empereur Charles-Quint, dont il a conservé le nom, avait établi son camp et transporté son artillerie, lors de sa désastreuse expédition d'Alger, en 1541. C'est au milieu de ce fort que le général de Bourmont reçut, le 5 juillet 1830, la capitulation du dey d'Alger. La veille, les Turcs, en évacuant le fort, avaient fait sauter la tour ronde qui en occupait le centre et qui contenait la poudrière. On appelait aussi le fort l'Empereur bordj *Bou-Lila*, le père de la nuit, parce que c'est pendant une nuit, celle du 24 au 25 octobre 1541, que Charles-Quint s'installa sur cet emplacement. Ce fort, dont les remparts ont été déblayés et restaurés, sert de caserne à 200 hommes et de prison disciplinaire pour les officiers.

Au pied du fort, au tournant de la route, est un bâtiment terminé en dôme, qui abrite le *regard* des eaux de l'aqueduc par lequel sont alimentées les fontaines de la partie haute de la ville d'Alger.

EL-BIAR (les puits), à 5 kilomètres d'Alger, est moins un village qu'un vaste quartier de beaux jardins dont les sites enchanteurs sont peuplés de villas élégantes, de magnifiques maisons mauresques et de fermes considérables ; à gauche, sur une hauteur, dans les bâtiments de l'ancienne ferme Fruitié, est établi le couvent du Bon-Pasteur, qui sert de maison de refuge pour les filles *repenties*, et de pensionnat pour les orphelines.

Un ruisseau qui naît sur la pente orientale, forme l'Oued-Khrénis qui, des côteaux de Mustapha, descend à Birmandreïs, et gagne de là Hussein-Dey, en traversant le délicieux ravin de la *Femme sauvage*. Les eaux d'une autre source, très abondante, alimentent une partie des fontaines d'Alger, où elles sont conduites par un bel aqueduc.

Un chemin vicinal, de 2 kilomètres, part d'El-Biar, au-dessous des anciens consulats d'Espagne et de Suède, et va rejoindre la route de Birmandreïs, près la *Colonne Voirol*. A moitié chemin, un sentier conduit, en quelques minutes, au quartier d'*Hydra*, le plus riant et le plus fertile de la commune, où se remarque un vieux café maure d'un aspect très pittoresque, à côté d'une roche ombragée par d'énormes saules pleureurs et d'où s'échappe une source.

Le *Château d'Hydra*, palais mauresque admirablement construit, dallé de marbre et de mosaïques, est situé sur un des mamelons du Sahel, à 6 kilomètres d'Alger. C'est une ancienne résidence de la famille du dey, habitation princière, au milieu de magnifiques jardins dans lesquels d'abondantes eaux courantes, des fontaines et des bassins entretiennent une fraîcheur continuelle.

D'El-Biar également, à l'endroit dit *Bivac des Indigènes*, à

6 kil. d'Alger, part une route qui conduit au Bouzaréah, par Bir-Semman, en dominant le Frais-Vallon

Au-dessus d'El-Biar, la route se bifurque : à gauche pour Douéra et Blidah, à droite pour Koléah.

Du *Bivac des Indigènes* à Cheragas, la route monte et descend à travers des haies d'aloës, d'oliviers et de cactus. En face d'une koubba à moitié fendue, qui domine la route, à quelques centaines de mètres du Bivac des Indigènes, est un bassin carré rendu célèbre par un douloureux épisode de notre histoire. C'est là qu'un bataillon entier du 20e de ligne fut égorgé, son chef ayant négligé de faire garder le camp par quelques hommes armés, tandis que tous ses soldats étaient occupés à nettoyer leurs armes. Avant d'arriver à Cheragas, on a sous les yeux un vaste et splendide panomara, s'étendant de Sidi-Ferruch au Djebel-Chenoua, et sur le fond duquel se détachent les villages de Fouka, Bou-Ismaïl, Castiglione, Tipaza et le tombeau de la Chrétienne.

CHERAGAS. Village à 14 kilomètres S. O. d'Alger, à l'entrée de la plaine de Staouéli, du côté d'Alger, sur un sol élevé et salubre, dans un territoire fertile et bien arrosé, dont l'altitude atteint 198,230 mètres, anciennement occupé par une tribu qui émigra en 1840. Ses eaux forment des ravins qui aboutissent à l'Oued-Terfa ou rivière des Beni-Messous. Les cultures y sont très avancées. Les colons, originaires pour la plupart des environs de Grasse, y ont importé la culture des plantes odoriférantes, à l'exemple de M. Mercurin, leur maire, dont les belles plantations méritent d'être visitées. L'éducation des bestiaux y est favorisée par les nombreux côteaux boisés où l'herbe croît en abondance. La grande culture y est organisée dans de nombreuses fermes, en tête desquelles il faut citer celles de M. Fruitié, sur la vaste étendue de terrain comprise entre la Trappe de Staouéli et Cheragas. Plusieurs industries sont en pleine activité dans ce centre, qui compte des moulins à huile et à blé, une briqueterie, une fabrique de crin végétal et une fabrique d'essences odoriférantes.

SIDI-KHRALEF. A 1 kilomètre de Cheragas, à gauche de la route

de Sidi-Ferruch, on voit les koubbas de Sidi-Khralef, près desquels se livra, le 24 juin 1830, le combat qui suivit la bataille de
Staouëli, et dans lequel périt un des fils du général de Bourmont.
Cette plaine fait aujourd'hui partie du domaine de La Trappe,
dont une croix plantée sur le bord de la route indique une des
limites.

La Trappe de Staouëli. L'établissement des trappistes occupe
un large plateau, à 6 kil. de Sidi-Ferruch, à 150 mètres au-
dessus de la mer, qui a été le théâtre de notre première bataille
en Afrique, le 19 juin 1830.

« Depuis son débarquement à Sidi-Ferruch, l'armée française
était harcelée sans cesse par les indigènes qui, cachés derrière les
broussailles, combattaient en guérillas, et préludaient ainsi à
une lutte plus sérieuse. De part et d'autre, cependant, on était las
de ces combats partiels. Les Arabes, concentrés sur le plateau
de Staouëli, avaient reçu de nombreux renforts, et les beys, qui
venaient d'arriver avec leurs contingents, pressaient Ibrahim-
Agha, gendre d'Hussein et généralissime, d'engager l'action. Le
19 juin, cinquante mille Arabes s'ébranlèrent au signal donné ;
les tirailleurs ouvraient la marche, derrière eux suivaient deux
colonnes profondes commandées, l'une par Ibrahim, l'autre par
le bey de Constantine. — La première marchait contre la division Berthézène, la seconde contre la division Loverdo. Les
tirailleurs devaient s'étendre à droite et à gauche, et tourner
l'armée française.

« La bataille commença : les Turcs assaillirent la première
division avec une telle impétuosité qu'ils pénétrèrent dans le
redan, occupé par la grand'garde, puis se jetèrent sur une redoute que défendait un bataillon du 28e. Pris à l'improviste, ce
bataillon céda ; mais rallié presqu'aussitôt par le général Clouet,
il chargea vigoureusement l'ennemi et reprit ses positions. — A
la droite et au centre, l'engagement fut vif, mais très court ;
ordre avait été donné aux généraux français de ne commencer le
feu qu'au moment même où les Arabes seraient à portée de
fusil ; cet ordre fut ponctuellement exécuté : quand les troupes
algériennes se présentèrent, elles furent reçues par un feu rou-

lant de mousqueterie qui joncha le terrain de blessés et de morts.
A trois fois différentes, cavaliers et fantassins se ruèrent avec
furie contre les lignes françaises, chaque fois ils durent se replier
en désordre. — Comme ils allaient tenter une dernière attaque,
le général en chef prit l'offensive : les tambours battirent la
charge ; les divisions Berthézène et Loverdo s'élancèrent en
avant, tandis que deux brigades de la division d'Escars se formaient en réserve en avant de Sidi-Ferruch.

« Dès ce moment, la bataille était gagnée ; les Arabes, pour-
suivis à la baïonnette, décimés par la mitraille, abandonnèrent
successivement leurs redoutes et leurs batteries ; moins d'une
heure après, le camp de Staouéli était occupé par les Français.
On y trouva treize pièces d'artillerie, deux batteries à barbette,
des magasins parfaitement approvisionnés, 100 chameaux et
400 tentes dressées. » — *Achille Fillias.*

Après cette grande journée qui nous ouvrit la route d'Alger et
nous assura la possession de l'Algérie, le plateau redevint désert. C'est treize ans plus tard, qu'un arrêté du 11 juillet 1843
autorisa les Trappistes à y fonder un établissement agricole. La
concession comprenait une étendue de 1,020 hectares, limitée au
N. par la mer, au S. par l'O. Bridia, à l'O. par l'oued Boukara
et la plaine, et à l'E. par la plaine. La première pierre de l'établissement fut posée par l'évêque d'Alger, le 14 septembre 1843,
sur un lit de boulets et d'obus. Consacré le 30 août 1845, le
couvent fut plus tard érigé en abbaye de l'ordre.

Le monastère forme un rectangle de 50 mètres carrés ; le milieu est occupé par un jardin entouré d'un cloître à deux rangs
d'arcades au rez-de-chaussée et au premier étage. La chapelle
occupe toute une aile, la cuisine et le réfectoire sont au rez-de-
chaussée ; les dortoirs et l'infirmerie au premier étage. Les murs
sont couverts d'inscriptions qui rappellent le néant et les mi-
sères de la vie, et d'écriteaux qui indiquent à chaque religieux
les corvées du cloître et les travaux extérieurs de la saison

A gauche de l'abbaye est la ferme proprement dite, grand
carré de 60 mètres, avec son immense matériel et ses nombreux
troupeaux. A droite est le cimetière. Un mur clôt l'étendue de
50 hectares, qui renferme des ateliers pour les industries agri-

coles, un moulin, le verger, les vignes, l'orangerie. Quand on a franchi la porte d'un avant-corps dont l'entrée est formellement interdite aux femmes, on aperçoit en avant de l'abbaye un beau groupe de palmiers qui abrite une statue de la Vierge dont le nom, sous le titre de Notre-Dame de Staouéli, est le vocable de La Trappe.

STAOUELI. Hameau à 2 kil. N. de La Trappe, à mi-chemin de Sidi-Ferruch. On y a amené les eaux de l'Oued-Boukara par un barrage de retenue fait au-dessus du moulin des trappistes. Les eaux sont conduites dans une construction en forme de marabout d'où elles sont réparties dans une fontaine qui débite 100 mètres cubes d'eau en 24 heures, et dans un canal d'irrigation qui reçoit 300 mètres cubes d'eau durant le même temps.

A 6 kilomètres de La Trappe, on quitte la route de Coléah pour prendre un chemin de 3 kil., qui conduit à Sidi-Ferruch. Une inscription placée sur une petite pyramide élevée par le Génie militaire, à la rencontre des deux routes, indique au voyageur le chemin à prendre.

SIDI-FERRUCH est une pointe, à 25 kilomètres O. d'Alger, s'avançant de 1.100 mètres dans la mer. C'est dans la baie O. que l'armée française débarqua, le 14 juin 1830.

« A l'extrémité septentrionale de la presqu'île, sur le point culminant d'une colline, s'élevaient alors une tour carrée, désignée par les Espagnols sous le nom de *Torre chica* (petite tour), et le tombeau d'un marabout Sidi-Ferédj dont la mémoire est en grande vénération parmi les indigènes. On croyait cette position bien défendue; mais les Arabes, dont les connaissances pratiques en fait de stratégie étaient à l'état rudimentaire, avaient mal conçu et mal organisé leur résistance Au lieu d'établir sur le monticule un système de fortifications armées d'artillerie, ils s'étaient groupés dans le camp de la Yasma à un kilomètre du littoral, derrière deux redoutes qui défendaient le chemin d'Alger. Cette faute grossière permit à la flotte de pénétrer sans encombre dans la rade de Sidi-Ferruch (13 juin 1830).

« Le débarquement eut lieu le lendemain : il commença au lever du soleil, les brigades se suivant par numéros d'ordre. Dès qu'elles eurent abordé la plage, les troupes d'infanterie se formèrent en colonnes et se portèrent en avant, tandis que la compagnie de mineurs allait prendre possession de la tour *Torre chica*, abandonnée la nuit précédente par la garnison turque.

Les Algériens commencèrent le feu et leur artillerie, que servaient d'habiles pointeurs, causa tout d'abord quelque désordre. Il fallait la réduire : la première division (général Berthézène) se porta rapidement sur les redoutes et les enleva avec une impétuosité sans égale ; les Turcs, culbutés sur tous les points, s'enfuirent vers le plateau de Staouéli, laissant au pouuoir des vainqueurs onze canons et deux mortiers. Notre perte se bornait à 35 hommes tués ou blessés — *Achille Fillias*.

Le village actuel de Sidi-Ferruch a été créé le 13 septembre 1844 en vue d'une population de pêcheurs et de jardiniers maraîchers. Des pêcheurs bretons y furent en effet établis au début, avec leurs femmes et leurs familles, et, pendant quelque temps, la pêcherie locale approvisionna les centres voisins, Alger particulièrement, de sardines salées, de poissons frais et d'huîtres qui, jusqu'alors, n'arrivaient que des Baléares ou de l'Océan. Mais, peu à peu, la population a diminué, et aujourd'hui on n'y compte guère que des cabaretiers, dont l'existence a été assurée par la clientèle des ouvriers civils et militaires employés à la construction de l'immense caserne-citadelle qui couronne le sommet de la presqu'île, et qui peut contenir 2,000 hommes.

La porte monumentale du fort est surmontée de trophées dus au ciseau de M. Latour, d'Alger et au milieu desquels on lit, gravée sur une plaque de marbre, une inscription qui rappelle l'expédition de 1830. — Cette inscription est ainsi conçue :

ICI

LE 14 JUIN 1830

PAR L'ORDRE DU ROI CHARLES X

SOUS LE COMMANDEMENT DU GÉNÉRAL DE BOURMONT

L'ARMÉE FRANÇAISE

VINT ARBORER SES DRAPEAUX

RENDRE LA LIBERTÉ AUX MERS

DONNER L'ALGÉRIE A LA FRANCE

On voit à Sidi-Ferruch les ruines d'une église consacrée à *Saint-Janvier*, et dont il ne reste plus qu'une mosaïque, le baptistère et l'abside. L'existence de ces ruines et la découverte de nombreux débris de poteries prouvent incontestablement qu'un établissement romain a occupé la presqu'île.

Dans les premiers jours de janvier 1846, Mgr Dupuch, premier évêque d'Alger, a découvert, non loin de ces ruines, au bord de la mer, la massue hérissée de pointes de fer, instrument du supplice de saint Janvier et le *vas sanguinis* de ce martyr, sacrifié vers l'an 410, ainsi que le témoignait une inscription fruste en mosaïque, placée sur ses restes, recueillis en cet endroit. Mgr Dupuch a cru y retrouver le *Casæ favenses* de Morcelli.

Du marabout de *Sidi-Ferredj* on a fait une chapelle sous le patronage de *Notre-Dame-de-Délivrance*.

Il y a six puits dans les lignes du camp, qui fut tracé sur un développement de 800 mètres pour isoler la presqu'île, à l'époque du débarquement des Français. Des sources obstruées par le sable se trouvent aussi sur la plage. De juin à septembre il se forme du beau sel sur les rochers du rivage. A l'ouest, sur les bords de l'oued Bridja, on recueille une excellente terre plastique propre à la fabrication de la poterie.

ZERALDA. Si, au lieu de prendre l'embranchement de Sidi-Ferruch, on tourne à gauche, on arrive, après avoir franchi les ravins de l'oued Bridja, de l'oued Kouinin, de l'oued Akbar et de l'oued Kalaa, au village de Zeralda. Situé sur la rive droite du Mazafran, à l'extrémité de la plaine de Staouëli, à cheval sur la route d'Alger, ce village communique avec les deux parties du Sahel et sert de transition entre le massif central et les collines occidentales ; il est à 25 kil. N.-O. d'Alger, à un kil. de la mer et à 12 kil. N.-E. de Koléa. Il a été créé le 13 septembre 1844. Ses habitants, bûcherons et charbonniers, exploitent les broussailles qui couvrent son territoire. A proximité de Zéralda, le service forestier, aidé d'une compagnie des planteurs militaires, a exécuté de grands travaux de nettoiement et de semis, et a créé une belle réserve forestière intéressante à visiter.

Non loin de Zéralda, sur la rive droite du Mazafran, près du lieu autrefois appelé *Mokta-Nçara* (Gué des Chrétiens) et où a été construit un pont américain pour le passage de la rivière, est un large vallon dans lequel le 3e léger fut cruellement décimé par les troupes de l'émir, au mois de juin 1841.

DOUAOUDA. Un peu après avoir traversé le Mazafran sur le pont américain, long de 100 mètres et large de 6, élevé par le service des Ponts-et-Chaussées, la route monte tantôt à travers les broussailles, tantôt à travers de beaux massifs verdoyants. A huit kilomètres de Zéralda, on rencontre le village de Douaouda créé, par arrêté du 5 juillet 1843, dans une position riante et salubre qui domine la riche vallée du Mazafran, près de son embouchure. Le sol, de bonne qualité, quoique primitivement couvert de broussailles, est surtout favorable à l'élève du bétail et est aujourd'hui couvert d'une végétation luxuriante. Une source abondante coule de la hauteur où le village est assis, alimente une belle fontaine avec abreuvoir et arrose les plantations publiques déjà anciennes. Comme à Zéralda, les colons se sont faits bûcherons pour utiliser le bois et le charbon de leurs broussailles, dont le voisinage et la route de Koléa leur ont facilité l'écoulement Les fours à chaux sont un autre élément d'industrie et de profit. Grâce à ces ressources jointes aux produits de la culture, le village de Douaouda est devenu un des plus beaux du Sahel. Non loin du village se trouvent les magnifiques prairies de Farghen.

KOLÉA. Cette ville fût bâtie en 1550 et fut primitivement peuplée d'Andalous ou Maures venus d'Espagne. Ses annales, jusqu'à la prise d'Alger, ne comptent que le terrible tremblement de terre qui la détruisit en 1825, ainsi que Blida. C'est la petite Mecque des musulmans de l'Algérie, jouissant d'un grand renom de sainteté, due aux marabouts Sidi-Embarek dont on y voit les tombeaux. Le dernier des Embareck qui ait joué un rôle important est Sidi Embarek ben Allah, kalifat d'Abd el Kader, un de nos plus énergiques ennemis. Il commandait les dernières forces régulières de l'émir, lorsque, surpris par le général Tempoure, près de l'oued Malah, dans la province d'Oran, il se fit

tuer lui et les siens, adossés à un rocher infranchissable Sa
tête envoyée à Alger y fut exposée au bureau arabe afin de convaincre les indigènes de sa mort ; puis tête et corps réunis dans
un même cercueil, furent inhumés avec les honneurs militaires,
à Coléa dans la koubba des Embareck.

Visitée une première fois en 1831 par l'armée française, Koléa fut définitivement occupée en juillet 1838. Un camp fut installé au sud de la ville, et des postes extérieurs ou blockaus
furent établis à Mohammed-Chérif, Ben-Aouda, Fouka et
Mokhta-Khrera. Les années suivantes, de 1839 à 1841, on ouvrit la route de Coléa à Douéra.

Situé sur le revers méridional des collines du Sahel, à 130
mètres au-dessus du niveau de la mer, ce territoire est arrosé
par des eaux abondantes, bien boisé, surtout en oliviers, fertile et propre à toutes les cultures. Les eaux sourdent de toutes
parts dans le petit vallon de Coléa au-dessus des marnes
bleuâtres imperméables disposées en couches épaisses sous les
bancs calcaires qui composent presque tout le sol de la commune. Elles sont distribuées avec art dans de magnifiques vergers d'orangers, de citronniers, de grenadiers, qui encadrent les
environs de Coléa, et en font une fraîche et charmante résidence.

La ville a deux larges et belles rues avec trottoirs et canni-
veaux ; une jolie mosquée, un caravansérail ; et, comme promenade publique, une délicieuse orangerie. Les maisons sont presque toutes des constructions mauresques, relevées après le tremblement de terre de 1825. Sur un mamelon, au sud-ouest de Koléa, est assis le camp dont les constructions bien entretenues ont
un développement considérable et sont occupées seulement par
une faible garnison. Dans le bas de la ville est le *jardin des
Zouaves*, qui est tout à la fois une orangerie et un joli jardin
anglais, planté sur les terrains ravinés de l'*ank djemel* (cou du
chameau), au fond desquels murmurent les ruisseaux qui vont
se jeter plus bas dans le Mazafran. On y remarque de nombreux
parterres entretenus avec le plus grand soin, plusieurs kiosques,
des allées en treillage ombragées par d'énormes citronniers et
orangers dont quelques uns ont plus de quarante pieds. Des
rampes descendent du jardin dans le ravin et remontent du côté

opposé, aux abords de la mosquée de Sidi–Ali–Embarek. Cette mosquée a été convertie en hôpital ; mais la koubba dans laquelle sont placés les tombeaux des marabouts a été respectée et en a été totalement détachée. Un superbe palmier et un cyprès gigantesque couronnent l'édifice.

Un marché considérable, fréquenté par les Arabes, se tient tous les vendredis dans la rue El–Souck, devant la mosquée Hanefia qui n'a rien de remarquable.

La commune de Koléa comprend comme annexes Fouka, Douaouda, Zéralda, Castiglione, Bérard et quelques hameaux suisses créés en 1851.

Nous avons déjà décrit Douaouda et Zéralda, (voir p. 75 et 76) ; nous allons passer en revue les autres localités que nous venons de mentionner.

Fouka, au N., et à 4 kil, de Koléa, sur un chemin qui conduit de Blida à la mer, a été créé par arrêté du 25 avril 1832 ; il est bien exposé dans une situation charmante, aux alentours d'un bocage d'oliviers qui ombrage une abondante fontaine. Des fouilles commencées en 1839 sur les indications de M. Berbrugger ont amené la découverte de restes remarquables de l'occupation romaine : grands tombeaux en pierres, lacrymatoires, vases, médailles. On suppose que c'est l'ancien centre de population que l'itinéraire d'Antonin désigne sous le nom de *Casæ Calventi.*

A 1 kilomètre, sur le bord de la mer, sont groupées quelques maisons de pêcheurs. C'est tout ce qui reste du village de *Notre-Dame de Fouka* ou Fouka *Maritime*, créé en 1845, dans l'idée d'y établir un entrepôt commercial.

Castiglione, à 10 kilom. de Koléa, comprend les deux villages de *Bou-Ismaël* et *Tefeschoun*, créés en 1848, et distants l'un de l'autre de 3 kilomètres. Site pittoresque sur deux plateaux disposés en gradins en face de la mer ; eaux abondantes, terres excellentes. On a trouvé à Bou-Ismaïl des tombes, des médailles, une amphore servant d'ossuaire et une inscription chrétienne remontant au IIIe siècle, mais rien qui put indiquer le nom de la station romaine sur l'emplacement de laquelle est ce village.

BÉRARD. Ce village, qui a été ainsi nommé en mémoire d'un officier de marine qui a reconnu et décrit les côtes de l'Algérie, a été créé, le 13 octobre 1858, sur l'emplacement de l'Aïn-Tagoureit, près de la mer et à 4 kil. O. de Tefeschoun.

CHAÏBA, à 4 kil. S. O. de Koléa, sur la route de Castiglione, a été créé en 1852, sur l'emplacement occupé par les bâtiments de la vaste propriété de Haouch-Chaïba El Fokani, appartenant autrefois à M. Fortin-d'Ivry.

Entre Chaïba et le Mazafran, c'est-à-dire sur le revers méridional du Sahel, on a créé, en 1851, les hameaux suisses de Messaoud et Berbessa, à 2 kil. de Koléa vers la mer ; de Saighir, à 3 kil. sur la route de Bou-Ismaël ; de Zoudj-el-Abbès ou Zouidjet-el-Habous, à 2 kil. de Koléa, sur la route d'Alger.

Les Arabes de Chaïba et du Farghen se livrent à la pêche des sangsues, sur une étendue de 20 à 25 hectares, dans les marais qui sont la continuation de ceux de l'Oued-el-Halleg.

TOMBEAU DE LA CHRÉTIENNE, à 20 kil. O. de Koléa.

« On y arrive par deux routes muletières, l'une suivant, à travers les broussailles, le sommet des crêtes du Sahel algérien ; l'autre longeant le *bois des Kharesas* et l'Oued-Djer jusqu'au *lac Halloula*. Le tombeau de la Chrétienne, en arabe Kbour-er-Roumia, aurait été, suivant Marmol et d'autres historiens aussi mal informés, la sépulture de Cava, fille du comte Julien, gouverneur de l'Afrique ; aujourd'hui que les moyens d'investigations historiques sont plus répandus, on sait que ce monument, dont Pomponius Mèla révélait l'existence sur la côte, entre Alger et Cherchell, a servi de sépulture à toute une famille de rois maures. M. le docteur Judas donnerait, au moyen de légendes bilingues sur des médailles de Juba, la véritable signification des mots Kbour-er-Roumia. En effet, sur ces médailles on lit d'un côté, en latin, Rex Juba, et de l'autre, en punique, Juba Roum Melcal (Juba hauteur du royaume). M. Judas conclut en disant que le monument a dû s'appeler d'abord *Kbour*

Roumim, tombeau des hauts et des rois, mais que la terminaison punique *im* a fait place plus tard à la terminaison qualificative et collective *ia* des Arabes, d'où Kbour–Roumia ou Tombeau de la Chrétienne. M. le docteur Leclerc a ingénieusement avancé que ce tombeau pouvait bien être celui de Syphax, roi des Massaesyliens, comme *Medr'acen* était celui de la famille de Massinissa.

« Le peuple arabe qui croit à l'existence de trésors dans tout monument extérieur ou souterrain dont il ne peut s'expliquer l'origine et l'usage, a sa légende du tombeau de la Chrétienne. Un Arabe de la Mitidja, Ben-Kassèm est son nom, ayant été fait prisonnier de guerre par les chrétiens, fut emmené en Espagne où, vendu comme esclave à un vieux savant, il ne passait pas de jour sans pleurer sur la captivité qui le séparait pour jamais du reste de sa famille. — « Ecoute, lui dit un jour son maître, je puis te rendre à ta famille et à ton pays si tu veux me jurer de faire ce que je vais te dire, et en cela il n'y aura rien de contraire à ta religion. » Ben-Kassen sûr de ne point perdre son âme, jura. « Tout-à-l'heure, continua le savant, tu t'embarqueras ; quand tu reverras ta famille, passe trois jours avec elle ; tu te rendras ensuite au tombeau de la Chrétienne, et là, tu brûleras le papier que voici sur le feu d'un brasier et tourné vers l'Orient. Quoiqu'il arrive, ne t'étonne de rien et rentre sous ta tente. Voilà tout ce que je te demande en échange de la liberté que je te rends. » Ben Kassem exécuta ponctuellement ce qui lui avait été recommandé ; mais à peine le papier qu'il avait jeté dans le brasier fût-il consumé qu'il vit le tombeau de la Chrétienne s'entrouvrir pour donner passage à un nuage de pièces d'or et d'argent qui s'élevait et filait, du côté de la mer, vers le pays des chrétiens. Ben-Kassem, immobile d'abord à la vue de tant de trésors, lança son burnous sur les dernières pièces, et il pût en ramener quelques-unes ; quant au tombeau, il s'était refermé de lui-même. Le charme était rompu. Ben-Kassem garda longtemps le silence ; mais il ne pût, à la fin, se retenir de conter une aventure aussi extraordinaire qui fût bientôt connue du pacha lui-même. La chronique veut que ce pacha soit Salah-Raïs qui régna de 1552 à 1556. Salah-Raïs envoya aussitôt un grand nombre d'ouvriers au tombeau de la Chrétienne, avec ordre de le démolir et d'en rapporter les trésors qui s'y trouveraient. Mais le monument avait été à peine entamé par le marteau des démolisseurs, qu'une femme, la Chrétienne sans doute, apparaissant sur le sommet de l'édifice, étendit son bras vers le lac, au bas de la colline, en s'écriant : « Halloula! Halloula à mon secours! » et aussitôt une nuée d'énormes moustiques dispersa les travailleurs, qui ne jugèrent pas à propos de revenir à la charge. Plus tard, et cette fois la légende merveilleuse est muette, Baba-Mohammed-Ben-Ostman, pacha d'Alger de 1766 à 1791, fit démolir à coups de canon, et sans plus de succès, le revêtement E. du tombeau de la Chrétienne.

« Kbour-er-Roumia forme un immense socle, large de 60 mètres, haut de onze; il devait avoir douze côtés. On voit au nord une imposte formant une croix qui a pu donner naissance à la fable de la Chrétienne. Sur le socle s'échelonnent les 53 degrés, hauts chacun de 58 centimètres, d'une immense cône écrasé à son sommet. Des fouilles, qui n'ont pu encore être complètement poursuivies, par M. Berbrugger, comme cela eut été à désirer, ont permis de dégager, en 1855 et en 1856, le monument, dans lequel le savant archéologue a pu pénétrer jusqu'à 14 mètres de profondeur horizontale. Quant au trou appelé par les Arabes *menfous* ou soupirail, qui se trouve au sommet du cône, ce n'est pas une entrée, mais le résultat de tentatives faites pour pénétrer dans le tombeau, car après avoir fait enlever la terre et les éclats de pierre qui garnissaient le fond de ce trou, M. Berbrugger a retrouvé le noyau du monument. En somme, les curieux qui visitaient le tombeau avant les fouilles, n'avaient sous les yeux qu'un amas gigantesque de pierres taillées, les unes à leur place, les autres entassées confusément autour de la base, avec quelques débris de colonnes, de socles et de chapitaux ioniens, mais sans caractère précis de cet ordre; aujourd'hui, l'aspect monumental se révèle; si l'on poursuit ces travaux de fouilles si bien commencées, Kbour-er-Roumia fournira, à l'aide d'une restauration complète ou partielle, un témoignage irrécusable de l'état de l'architecture chez les peuples africains dans l'antiquité.

« A 800 mètres environ au N. E. du tombeau, il y avait une des *stations romaines* passant sur les crêtes du Sahel, à en juger par une tour octogone, circulaire à sa base, des moulins à bras, une auge en pierre et surtout une belle citerne appelée par les Arabes *Dar-ed-Delam,* qui a donné son nom à la localité. Enfin, à 2 kil. O. vers la mer, on trouve les carrières ou cavernes (*Er Rir'an)* qui ont fourni les pierres pour le tombeau de la Chrétienne et Dar-ed-Delam. » — *L. Piesse.*

BEN-AKNOUN. EL-ACHOUR. DRARIA. KADDOUS. DÉLY-IBRAHIM. OULED-FAYET. BABA-HASSEN. DOUÉRA. SAINTE-AMÉLIE. SAINT-FERDINAND. MAELMA.

Des omnibus pour Ben-Aknoun et Dely-Ibrahim partent d'Alger, place Mahon à 10 heures du matin et à 5 h. du soir. Les départs de Dely-Ibrahim ont lieu à 7 h. du matin et à 2 h. du soir.

Les autres localiés sont desservies par les diligences de Douéra et la diligence de Blidah.

Deux voitures font le service de Douéra : l'une part du café Olivier, place du Gouvernement, à 4 h. du soir et revient de Douéra le lendemain à 8 h. 1/2 du matin ; l'autre part du café Psaëla, place du Gouvernement à 3 h. 1/2 du soir et revient de Douéra à 6 h. 1/2 du matin.

La diligence de Blidah part du café Olivier, place du Gouvernement, à 5 h. 1/2 du matin.

Ces diverses localités se trouvent sur la route d'Alger à Blidah par le Sahel. Nous avons déjà décrit cette route jusqu'à El-Biar (voir page 68). Arrivée au *Bivac des Indigènes,* elle tourne à gauche, laissant à droite la route de Koléah, qui dessert-Sidi-Ferruch.

A 2 kilomètres d'El-Biar, on rencontre l'orphelinat de Ben-Aknoun, fondé par le P. Brumault, établissement consacré à l'éducation morale et agricole des enfants pauvres. Cette maison a aujourd'hui pour annexe l'ancien camp d'Erlon, à Boufarick.

A 1 kilomètre plus loin, est un chemin conduisant à El-Achour, Draria, Kaddous.

El-Achour, à 13 kil. 1|2 d'Alger, 2 kil. de Draria, 9 kil. 1|2 de Douéra, sur le versant d'une colline en face de la route d'Alger à Blidah, a été créé, par arrêté du 12 avril 1842, sur le territoire d'une ancienne ferme du beylick, à l'endroit où les sources gauches de l'Oued-Kerma prennent naissance Il y existe des prairies naturelles de sainfoin d'une grande beauté; les terres sont très propres à la culture, et l'éducation des bestiaux y réussit. Le sol est tourmenté et déboisé, mais on y a fait de nombreuses et belles plantations publiques.

Draria, à 16 kil. sud d'Alger, a été légalement constitué par arrêtés du 10 janvier 1842, et 17 décembre 1843, sur le territoire de deux ou trois petites tribus qui passèrent à l'ennemi en 1830, dans un site des plus salubres, à 205 mètres d'altitude. Les branches supérieures et gauches de l'Oued-Kerma traversent le territoire; des sources amenées dans l'enceinte, qui a la forme d'un carré long terminé en pointe vers le sud, donnent 12 mètres et demi cubes d'eau pour alimenter une fontaine avec abreuvoir et lavoir, ombragée de beaux saules pleureurs; il suffit de creuser à quelques mètres pour avoir de l'eau en abondance. On y voit plusieurs belles maisons de campagne et six carrières qui fournissent de belles pierres de taille pour Alger.

Kaddous, est un hameau de quelques fermes et de jolies propriétés particulières élevées sur un terrain excellent où, du temps des Maures, on construisait une sorte de poterie pour les conduits et canaux, dont le nom est resté à la localité. Il y a un vieux café arabe qui mérite d'être visité.

Dély-Ibrahim, à 11 kil. d'Alger, a été fondé, en 1832, par le duc de Rovigo, sur un plateau élevé de 250 mètres, duquel on aperçoit la Méditerranée, pour recevoir des émigrants qui se rendaient en Amérique, et qu'au Havre on détourna de leur projet pour les diriger vers l'Algérie. Une partie fut distribuée à Dély-Ibrahim, l'autre à Kouba; ce furent les premiers essais de colonisation tentés en Afrique. Jusqu'en 1842, il n'y avait pas assez d'eau à Dély-Ibrahim, surtout en été; les habitants étaient obligés d'aller avec des voitures s'approvisionner au

bassin de la Chasse, distant de 1,600 mètres. Pour éviter l'en-
combrement et la perte d'une partie des eaux, au lieu d'agran-
dir ce bassin, on en établit un second à 850 mètres du village. Un
troisième bassin a été créé à 250 mètres, alimenté par une
source qui fournit, même pendant les grandes chaleurs, 4,000
litres d'eau par 24 heures; enfin, une belle fontaine, entourée
de 40 platanes a été établie au milieu de la place du village.
Longtemps restées en friche, les campagnes de Dély-Ibrahim
sont aujourd'hui couvertes de cultures très productives, tabac,
fourrages, vignobles. On remarque notamment les vignobles remarquables par leur étendue et leurs produits, créés par
M. Mazères, dans une grande ferme parfaitement entretenue, qui
dépend actuellement de l'orphelinat fondé à Dély-Ibrahim par
le consistoire protestant d'Alger.

A 800 mètres de Dély-Ibrahim, un chemin vicinal, s'embran-
chant à gauche sur la route de Douéra, conduit à El-Achour,
Draria et Kaddous

OULED-FAYET. A 2 kilomètres 1/2 et cette fois à droite, on arrive par un autre chemin à Ouled-Fayet, distant de Dély-Ibrahim de 5 kilomètres. Ce village, ancien avant-poste créé en
1882, est établi sur une hauteur qui domine la plaine de Staouéli
et la Méditerranée. C'est un des plus jolis sites du massif du
Sahel et un des territoires les plus fertiles en cultures maraîchères et les plus favorables pour l'élève du bétail. Les eaux
y sont abondantes et forment une partie des sources de l'oued
Bridja qui se jette dans la mer à l'Ouest.

BABA-HASSEN. Village à 19 kilomètres d'Alger, à 500 mètres à
gauche de la route, créé, par arrêté du 8 mars 1843, sur le ter
ritoire d'une ancienne ferme du beylik, arrosé par plusieur
sources. Belles prairies, pacages favorables à l'éducation de
troupeaux, plantations publiques nombreuses et de belle venue
cultures industrielles, tabac, vigne, oliviers.

DOUERA (petite maison arabe, *dar, douera*), n'était en 1830
lorsque les Français y passèrent, se dirigeant sur Blidah, qu'un
agglomération de gourbis au milieu d'une espèce de ferme. E

1835, on y établit un camp pour protéger les avant-postes du Sahel, et surveiller la Mitidja ainsi que le marché de Boufarik où se réunissaient tous les lundis 3,000 à 4,000 Arabes. C'est dans cette vue que l'on ouvrit en même temps une partie de la route traversant les marais des Ouled-Chebel et conduisant au marché, par Ouled-Mendil et les Quatre-Chemins. Un village se forma insensiblement par l'agrégation spontanée de baraques et de maisons autour du camp, sans plan d'alignement et sans concessions régulières. Enfin, ce, centre de population fut légalement constitué par arrêtés des 17 février 1840, 17 mars et 30 décembre 1842. Sa position centrale, sur la route d'Alger, aussi favorable pour l'occupation militaire que pour le commerce, sa population, sa fonction d'entrepôt pour toute la troisième zone du Sahel, en firent bientôt le chef-lieu administratif et commercial de cette région. La concurrence de la route de la plaine, la réduction de la garnison, l'établissement du chemin de fer d'Alger à Blidah, ont modifié cette situation ; mais les habitants ont trouvé dans la culture un vaste champ ouvert à leur activité. Le territoire, quoique accidenté et dépouillé d'arbres, se prête, en effet, à toutes les cultures, qui couvrent plus de 400 hectares. Le mûrier, le coton, la vigne s'entremêlent aux champs de céréales et aux vastes pâturages. Les colons trouvent des moyens suffisants d'irrigation dans les sources du territoire, et quand les eaux courantes font défaut, il suffit, comme dans la plupart des villages du Sahel, de creuser à quelques mètres pour trouver les réservoirs d'eau qui alimentent des puits. Les fontaines de la ville, que complètent plusieurs lavoirs et abreuvoirs, débitent 15 mètres cubes d'eau par vingt-quatre heures dans les plus fortes chaleurs, et cette eau est très bonne. Douéra est une jolie petite ville toute agricole ; sa principale rue, qui fait partie de la route d'Alger, bien nivelée, bordée de trottoirs et plantée d'arbres a presque tous les agréments d'une promenade très animée. L'industrie y a fondé un beau moulin à vapeur, une brasserie et une briqueterie.

Douéra a pour annexes Ouled-Mendil, Saint-Jules, Saint-Charles, Crescia, Baba-Hassen, Sainte-Amélie, Saint-Ferdinand,

Maelma. Des chemins vicinaux mettent le chef-lieu en communication avec ces divers points.

Ouled-Mendil. Ancienne redoute, sur le versant méridional du Sahel, sur la route d'Alger à Blida par Douéra, et sur le trajet de la route d'Alger à Koléa par le pied du Sahel, où, dès 1838, les ponts-et-chaussées avaient construit des baraques de campement, sur le territoire d'une tribu dont un marabout et quelques tentes formaient toute l'importance. Une pierre tumulaire élevée sur les cadavres d'une petite troupe d'artilleurs surpris par les Arabes, sur ce coteau en 1841, perpétue le souvenir des dangers qu'on courait naguère et qui ont fait place aujourd'hui à la plus complète sécurité.

« De ce point, la Mitidja se déroule entière aux regards. Large d'environ 5 lieues, la Mitidja s'étend jusqu'aux montagnes qui s'élèvent sur une ligne parallèle aux collines du Sahel, de l'E. à l'O. de la baie d'Alger au fond de la plaine. A l'E. le voyageur aperçoit le Fondouck ; droit devant lui, dans la plaine, les ombrages de Boufarik ; à droite, au pied de la montagne, Blida et ses bois d'orangers ; puis la coupure de la Chiffa et le col de Mouzaïa, célèbre par tant de brillants assauts dont le souvenir restera dans notre histoire militaire ; plus loin l'Oued-Djer et l'oued Bou-Roumi qui ont vu couler le sang de nos soldats ; au centre l'oued-Halleg, le tombeau d'un des bataillons réguliers d'Abd-el-Kader ; enfin le lac Halloula, la vallée qui mène à Cherchell, et à l'O., aux dernières limites de l'horizon, près du territoire de ces Hadjoutes fameux, l'effroi de la banlieue d'Alger, le Chenoua qui jette dans les airs son piton gigantesque, à quelques pas du tombeau de la Chrétienne. – *Castellane.*

Saint-Jules, hameau à 4 k. S. de Douéra, sur le revers méridional du Sahel, à l'entrée de la Mitidja, établi dès 1843 par M. le baron Vialar et légalement créé par arrêté du 22 septsmbre, au lieu dit Hadj-Hacoub, à 300 mètres de la route d'Alger à Koléa par le pied du Sahel.

Saint-Charles. Hameau bâti par des colons, en 1844, dans la même position que Saint-Jules, auprès d'une redoute avec blockhaus, situé à 44 mètres d'altitude.

Crescia. Village à 22 kil. d'Alger, à 3 kil. de Douéra, dans une région agreste, créé par arrêté du 3 juillet 1845 sur l'emplacement de l'ancien haouch Ben-Kadri.

SAINTE-AMÉLIE. Village créé par arrêté du 23 mars 1843, et construit par des comdamnés militaires dans un site des plus pittoresques, à 29 kil. d'Alger, entre Douéra et Maelma, à 5 kil. de l'un et 3 kil. de l'autre, sur la droite de la route qui va du premier au second, en un lieu appelé *Haouch-Ben-Omar,* sur la crête d'un beau ravin couvert d'arbres de haute futaie et de peupliers blancs. Son territoire est des plus fertiles, coupé par de frais vallons, arrosé par de nombreuses fontaines, dont une coule sous un groupe de palmiers. On y a trouvé d'intéressantes ruines romaines : une mosaïque avec inscription latine, des salles bien conservées, avec leurs pavés en carreaux vernissés.

SAINT-FERDINAND. Village à 6 kil. N.-O. de Douéra, à 23 kil. S.-O. d'Alger, créé par arrêté du 16 janvier 1843, au centre du Sahel, et construit par les condamnés militaires sur un plateau de 110 mètres d'altitude qui domine la plaine de Staouéli. Ce plateau entouré de ravins profonds et de broussailles épaisses, était pendant la guerre, le refuge habituel des partisans indigènes qui, de là, se répandaient dans tout le Sahel et jusqu'au Bouzaréa. Saint-Ferdinand est divisé en trois groupes : le village proprement dit, et les deux hameaux de *la Consulaire* et du *Marabout d'Aumale.*

MAELMA. A 19 kil. S.-O. d'Alger, à 8 kil. O de Douéra créé par arrêté du 22 mars 1844 et bâti par des condamnés militaires, à quelques pas de l'ancien camp de ce nom. Ce poste, intermédiaire entre Koléa et Douéra, commandait un pays accidenté et difficile, entre la mer et la plaine ; c'était comme la clef et le centre de la ligne de l'Oued-el-Agar, qui a joué un rôle pendant quelque temps ; les Zouaves, chargés de sa défense, eurent à soutenir contre les Arabes, principalement le 16 mars et le 1er décembre de l'année 1835, plusieurs engagements dont le souvenir est perpétué par une pyramide élevée au-dessus d'une fontaine, décorée d'un coq gaulois et d'une inscription. Le village est un des plus beaux du pays et réputé le plus salubre du Sahel. Des sources nombreuses et fort belles y arrosent plusieurs hectares de pâturages et des jardins limités par un joli bois de trembles. A un kil. du village, se trouve la ferme de Mabelma, qui domine un épouvantable ravin, entouré de sources et d'arbres.

MUSTAPHA-SUPÉRIEUR. COLONNE VOIROL.
BIRMANDREIS. RAVIN DE LA FEMME SAUVAGE.
BIRKADEM. SAOULA.

Des omnibus spéciaux desservent chacune de ces localités :

Mustapha. — Les départs pour Mustapha-Supérieur ont lieu : 1° Place du Gouvernement, devant le café du Sahel, à 6 h. et 8 h. du matin, 12 h. 3/4 et 2 h. 3/4 du soir ; — 2° rue Cléopâtre, à côté de la librairie Bastide, à 6 h. 1/4 et 8 1/4 du matin, 1 h. et 3 h. du soir. Les départs de Mustapha ont lieu à 6 h. 3/4, 7 h. 8 h. 3/4, 9 h. du matin, midi, 1 h. 3/4, 2 h., 3 h. 3/4, 4 h. du soir.

A dater du mois d'octobre, pendant tout l'hiver, les départs ont lieu une heure plus tard.

Colonne Voirol. — Départs : Place du gouvernement, vis-à-vis le café du Sahel, 10 h. du matin et 4 h. du soir. — Rue Cléopâtre, à 9 h. 1/4 et 10 h. 1/4 du matin, 5 h. et 6 h. du soir. Les départs, de la Colonne, ont lieu à 6 h., 11 h. 3/4 du matin, 1 h., 5 h. 3/4 et 6 h. du soir. — A dater du mois d'octobre, les départs ont lieu une heure plus tard.

Birmandreïs. — Départs à 10 h. du matin et 5 h. du soir. Retour à 6 h. 3/4 du matin et 1 h. 1/4 du soir. — Station : Place Mahon.

Birkadem. — Départs à 10 h. du matin et 5 h. du soir. Retour à 6 h. 1/2 du matin et 1 h. 1/2 du soir. — Station : Place Mahon.

Mustapha-Supérieur. Ensemble de blanches villas mauresques, étagées sur les hauteurs auxquelles on arrive, par une rampe en lacets, en sortant d'Alger par la rue d'Isly, et en suivant la route qui passe entre l'Agha et le pied des montagnes que domine le Fort l'Empereur. Les principales propriétés sont, dans l'ordre où on les rencontre, en venant d'Alger : le couvent des Dames du Sacré-Cœur, l'ancienne campagne Lieutaud, celles de MM. Lichtlin, Gilet et du général Yusuf, enfin la résidence d'été des gouverneurs-généraux.

Colonne Voirol. Sur le plateau qui couronne les hauteurs de Mustapha, à 5 kil d'Alger, à 160 mètres au dessus de l'Agha, s'élève la colonne Voirol, sur le socle de laquelle on lit que la route a été commencée par l'armée en 1834, sous la direction du génie et sous le commandement du général Voirol, gouverneur intérimaire ; à droite de la colonne, aboutit le chemin vicinal d'El-Biar. De ce point jusqu'à Birmandreïs, la route longe le flanc d'une montagne et un ravin boisé. au fond duquel coule l'Oued-Khrenis.

BIRMANDREÏS (*Bir-Mourad-Raïs*, le puits de Mourad le corsaire), à 7 kil. d'Alger.

Ce joli village est situé au pied d'un frais vallon, entre de hauts mamelons couronnés d'arbres, de cultures et de moulins à vent. C'est un site des plus recherchés des environs d'Alger ; le sol extrêmement fertile, est couvert d'une végétation admirable, naturelle ou créée par la culture, sur laquelle se détachent de jolis bouquets de bois de pins. On y voit des plantations considérables pour la fabrication des essences. Les eaux abondent sur ce territoire, que sillonnent le Bou-Zoua, une des sources de l'Oued-Kerma, et l'Oued-Khrenis qu'on traverse sur un petit pont, avant qu'il ne descende vers Hussein-Dey, par le ravin de la femme sauvage. Là sont prises, par un aqueduc, les sources dont les eaux alimentent le faubourg Bab-Azoun. Il y a une usine pour l'effilochage des plantes fibreuses et textiles ; dans le village, on doit visiter l'église et une belle fontaine abritée par des arbres touffus,

LE RAVIN DE LA FEMME SAUVAGE. Ce délicieux vallon est traversé par un chemin pittoresque qui, suivant les bords de l'Oued-Khrenis, conduit, à 5 kil. de Birmandreïs, au Ruisseau, sur la route d'Alger à Kouba. Voici la description qu'en fait M. Charlez Desprez dans ses charmantes causeries intitulées : *L'Hiver à Alger.*

« Au fond du ravin se balancent en phalanges serrées des massifs de bananiers dont les larges feuilles d'un vert glauque contrastent avec la sombre nuance des orangers. Sur les bords s'enchevêtrent, avec une véritable exubérance de sève et de vie, des grenadiers inclinés sous le poid de leurs grosses pommes couleur d'acajou, des jujubiers égrenant par milliers, autour d'eux, leurs petites baies luisantes qui ressemblent à des olives ; des citronniers tout chamarrés de leurs fruits d'or, et, pyramidant jusqu'au ciel, des cyprès dont les branches d'un gris satiné entourent le tronc principal comme un système de tuyaux d'orgue. Sur les flancs rapides des collines, à la crête des mamelons, s'élèvent de grands pins maritimes. Il faut que la banlieue d'Alger fournisse bien des endroits pareils pour que celui-ci ne soit pas encore devenu la proie des villagiatures. On n'y rencontre que deux ou trois pauvres moulins à cheval sur le ruisseau, quelques maisonnettes cachées dans leurs nids d'arbustes, et le fameux café de la Femme sauvage, d'où la vallée tire son nom. »

Cette jeune femme qu'on aurait tort, dit M. Desprez, de se figurer comme une antropophage, était une douce et pâle ingénue de Saint-Lô, d'autres disent de Salency. Trompée dans un premier amour, elle avait quitté son pays pour venir cacher, ou même si possible, oublier sa douleur sur les bords où croît le lotus, et s'était retirée dans la mélancolique solitude de l'Oued-Khrenis, n'emportant avec elle que quelques livres. Là elle s'établit dans la grotte contre laquelle est aujourd'hui adossé le café qui porte son nom. C'était en 1844, des sous-officiers d'un détachement de zouaves cantonné à Birmandreïs, parcourant le vallon, découvrirent la mystérieuse retraite et en informèrent leurs camarades. Tous s'intéressèrent à la situation de la jeune solitaire et lui organisèrent une espèce de petite cantine où, depuis lors officiers, sous-officiers et soldats, voyageurs et promeneurs s'arrêtèrent pour se reposer et se rafraîchir. Qu'arriva-t-il à la petite marchande, fût-elle effarouchée par des sollicitations indiscrètes, ou navrée d'un surcroît de chagrin, nul ne le sait; mais tout-à-coup elle disparut du vallon et on ignore ce qu'elle devint.

BIRKADEM. De Birmandreïs à Birkadem, la route monte et descend, serpentant au milieu de magnifiques jardins entourés de haies touffues et semée de blanches maisons mauresques. Birkadem (le puits de la négresse), village créé par arrêté du 16 novembre 1842, est situé à 10 kil. d'Alger, au milieu des collines du Sahel oriental, dans un joli vallon que protège un camp assis sur un mamelon voisin. Ce camp a servi, en 1851, de dépôt pour les transportés politiques. Le territoire de Birkadem est aujourd'hui un des plus richement cultivés du Sahel ; outre d'importantes cultures maraîchères on y voit de nombreuses plantations de mûriers et de très belles vignes. On remarque sur la place du village, en face de l'église, une fort jolie fontaine mauresque alimentée par un aqueduc.

Tixeraïm, petit hameau à 2 kil. N. O. de Birkadem, par le chemin de ceinture.

SAOULA, village créé par arrêté du 17 février 1843, à 2 kilom. de Birkadem, au S O., sur la route de Douéra, à 12 kil. S. d'Alger, sur le bord d'un ruisseau, au milieu des vallées qui aboutissent à celles de l'Oued-Kerma, dans un vallon très fertile, au pied des collines. On y voit des vignes considérables et de très belles plantations de saules pleureurs.

MUSTAPHA-INFÉRIEUR.
LE JARDIN D'ESSAI. KOUBA. SIDI-MOUSSA. L'ARBA.
RIVET. ROVIGO. HAMMAM-MÉLOUAN.

Des omnibus partent tous les quarts d'heure, de la place du Théâtre pour *Mustapha-Inférieur*, les *Platanes*, le *Jardin d'Essai*, et le *Ruisseau*.

Kouba. Départs d'Alger à 5 h. 1/2 et 10 h. 1/2 du matin, et à 5 h. du soir. Départs de Kouba à 6 h. 1/2 du matin, 1 h. 1/2 et 6 h. 1/2 du soir.

L'Arba. Bureaux, place du Gouvernement, café Olivier. Départs à 6 h. du matin et 4 h. du soir. Retour à 8 h. 1/2 du matin et 4 h. du soir. On peut aussi se rendre à l'Arba par tous les trains du chemin de fer, ces derniers correspondant avec un service d'omnibus établi par les Messageries générales. Bureaux : Place du Gouvernement, Messageries générales Bonnifay et Comp.

Rovigo. Départs par les trains du matin et du soir, correspondant avec.

les omnibus des Messageries générales. Bureaux des Messageries générales, place du Gouvernement.

Mustapha-Inférieur. On sort d'Alger par la rue de l'Agha ou de Constantine et la porte Bab-Azoun ; on laisse à gauche le fort de Bab-Azoun, l'usine à gaz, la gare provisoire du chemin de fer d'Alger à Blidah, le Lazaret et les lavoirs militaires et, après un parcours de 2 kilomètres, dont une partie entre deux haies d'aloës et de cactus, on arrive à l'*Agha*, faubourg d'Alger, ainsi nommé à cause du camp que tenait en cet endroit l'agha des troupes turques. Là, la route se bifurque, montant à droite à Mustapha-Supérieur, descendant à gauche à Mustapha-Inférieur.

Mustapha-Inférieur s'étend des dernières pentes de Mustapha-Supérieur, qui en est une section, jusqu'à la mer. Au milieu des massifs de palmiers, de cyprès et d'oliviers qui couvrent les flancs du côteau, s'étalent de nombreuses villas, parmi lesquelles nous citerons : celle du Sous-Gouverneur, celle de M. le docteur Trollier à la fontaine Bleue, et celle de M. Blasselle, premier adjoint du Maire d'Alger. C'est à Mustapha-Inférieur que se trouvent le quartier de cavalerie des chasseurs d'Afrique, l'hôpital civil, le champ de manœuvres, vaste plaine magnifiquement encadrée par Alger, la mer, le Hamma et les plateaux de Mustapha ; au-dessus est le marché aux bestiaux.

A l'entrée du champ de manœuvres, la route se bifurque ; la section inférieure conduit par Hussein-Dey à la Maison-Carrée, celle qui longe le pied des côteaux mène à Aumale par kouba, Sidi-Moussa, l'Arba.

Sur cette dernière, à droite, à 4 kil. d'Alger, se trouve la koubba de *Sidi-Mohammed-Abd-er-Rahman-Bou-Koberin* (le saint aux deux tombeaux. Ce surnom de *aux deux tombeaux* lui vient d'un miracle qui fait le sujet d'une longue légende dont voici le résumé : Sidi-Mohammed, célèbre par ses vertus, vécut et mourut en Kabylie, au milieu du Djurjura, où il avait réuni de nombreux disciples. A peine les habitants d'Alger eurent-ils appris le décès du saint, qu'ils se réunirent en grand nombre sur sa tombe, et la nuit enlevèrent le cadavre qu'ils vinrent ensevelir près d'Alger, au Hamma. Les Kabyles à cette nouvelle,

entrèrent dans une grande exaspération : mais ayant ouvert la
tombe de Sidi-Mohammed pour bien se convaincre du fait
avant de se venger, ils trouvèrent intacts les restes de leur per-
sonnage, et sont demeurés depuis lors persuadés qu'ils les possèdent. Les Algériens de leur côté en sont également convaincus.

Autour de la koubba est un cimetière ombragé par des oliviers, des lentisques et des cactus, et où se rendent, tous les
vendredis, de nombreux groupes de mauresques.

Les Platanes. A un kilomètre de là, se trouve le *café des Platanes.* « Le lieu, dit M. E Fromentin est assurément fort joli.
Le café construit en dôme, avec ses galeries basses, ses arceaux
d'un bon style et ses piliers écrasés, s'abrite au pied d'immenses
platanes d'un port, d'une venue, d'une hauteur et d'une am-
pleur magnifiques. Au-delà, et tenant au café, se prolonge par
une courbe fort originale une fontaine arabe, c'est-à-dire un
long mur dentelé vers le haut, rayé de briques, avec une auge
et des robinets primitifs, dont on entend constamment le mur-
mure, le tout très écaillé par le temps, un peu délabré, brûlé du
soleil, verdi par l'humidité, en somme, un agréable échantillon
de couleur qui fait penser à Decamps. Une longue série de degrés bas et larges, dallés de briques posées de champ, et sertis
de pierres émoussées, mènent, par une pente douce, de la route
à l'abreuvoir. »

LE JARDIN D'ESSAI. Vis-à-vis du café des Platanes est l'entrée
principale du jardin d'Essai, qui occupe la plus grande partie de
la plaine dite du Hamma, fondé en 1832, sous le nom de Jardin
d'Essai, avec 2 hectares d'étendue, il a pris d'année en année des
proportions plus considérables et est devenu, sous l'habile direction de M. Hardy, la plus belle promenade des environs d'Alger.
Il occupe aujourd'hui une superficie de près de 40 hectares et
comprend : 1º *une école dite d'acclimatation* où se trouvent
réunis les végétaux exotiques à naturaliser ; 2º *une école d'arbres
fruitiers*, comprenant toutes les espèces et variétés d'arbres
fruitiers qui peuvent prospérer à l'air libre ; 3º *l'école des arbres
forestiers*, consacrée à la recherche des essences les plus propres
au reboisement et à l'industrie ; 4º *l'école des végétaux élémen-*

taires et des végétaux industriels. Une filature de soies, une magnanerie, des machines pour l'égrenage des cotons, de vastes serres complètent ce bel établissement. Nous signalons surtout aux visiteurs la belle avenue plantée alternativement de palmiers et de lataniers, qui s'étend du café des Platanes à la mer.

C'est sur l'emplacement du jardin d'Essai que Charles-Quint fit commencer, le 23 octobre 1541, le débarquement de cette armée de 24,000 hommes dont, huit jours après, les débris se rembarquaient, après un combat désastreux, sur les vaisseaux échappés à la terrible tempête du 26, et ralliés à grand'peine par Doria à Matifou.

Le Ruisseau. On désigne sous ce nom la station des omnibus, qui se trouve à l'entrée du ravin de la *Femme sauvage.* (Voir page 89), A partir de ce point, la route monte jusqu'à Kouba, laissant à droite un ancien sentier arabe bordé de lentisques et d'oliviers, et longeant à gauche de belles cultures maraîchères.

Kouba. Ancien village arabe transformé en village européen par le duc de Rovigo, en 1833, pour y loger un essaim d'émigrants alsaciens que l'on répartit entre Dely-Ibrahim et Kouba, et qui furent les premiers colons de l'Algérie. Situé à 8 kil. à l'E. d'Alger dans les coteaux du Sahel, à l'extrémité orientale du massif, il s'élève sur une hauteur d'où l'œil embrasse un vaste horizon. L'aspect du pays est riant et pittoresque, animé et décoré par de superbes maisons de campagne qui s'établirent de bonne heure sous la protection d'un camp qui fut, à son origine, un des avant-postes d'Alger. Ce camp situé sur un mamelon que contourne la route, et d'où l'on descend immédiatement vers la Mitidja, a été concédé à l'évêque d'Alger pour l'établissement du grand séminaire dont les constructions monumentales ont coûté fort cher. On y a aussi établi une maison d'orphelins, dite de la Sainte-Enfance.

Sidi-Moussa. A partir de Kouba, la route descend les dernières pentes du Sahel d'Alger, traverse l'Harrach au *Gué de Constantine,* à 13 kil. d'Alger, pour entrer dans la partie Est de la Mitidja, et passe au milieu de terres bien cultivées faisant partie des anciens haouchs de Baraki, Erbeih, Beni-Talah, Kaïd-Hassen, Ben-Smaïn, Ben-Zouaoui, Ben-Yussef.

A la jonction des trois routes de Boufarik, de Rovigo et d'Aumale, à 24 kil. d'Alger, est le village de Sidi-Moussa, créé par arrêté du 22 août 1851. Les débordements de l'oued Djemaa, survenus à cette époque, les galets que ces débordements jetèrent sur les terres à concéder aux colons ont longtemps suspendu l'exécution de ce centre. Entre Sidi-Moussa et l'Arba, la route traverse les anciens haouchs de Guellabou, Ben-Nouar-el-Louz, Ben-Dennoun, Ben-Mezli et Beni-Dali-Ali.

L'ARBAH. Village fondé en 1849, à 28 kil. d'Alger, dans la Mitidja orientale, à la rencontre de la route d'Alger à Aumale, avec celle du pied de l'Atlas qui joint Blidah au Fondouck. Son territoire est très fertile et abondamment irrigué par les eaux de l'oued Djemaâ, qui descendent de l'Atlas. De nombreuses plantations publiques et particulières, parmi lesquelles on distingue de belles orangeries, embellissent le village et ses alentours. Ce centre tire son nom (*arba, quatre*), d'un marché indigène qui s'y tient et s'y est tenu de tout temps, le mercredi, *quatrième* jour de la semaine. L'Arba est mis en communication avec la Maison-Carrée par une route qui traverse les belles fermes de Aïn-Skhouna, Karmous-ben-Hamdan, Oued-Felit, Turki, Tordjman, Chtob-el-Fokani, Ben-Ouada, Ben-Lachet, Ben-Hassen, Ben-R'alis, Ben-Sliman, Ben-Semman et l'Agha.

RIVET. A 2 kil. de l'Arba, sur la route qui joint ce village au Fondouk, est le village de Rivet qui porte le nom d'un officier général, tué au siége de Sébastopol, après plusieurs années de brillants services en Algérie. On y remarque une très belle orangerie.

ROVIGO. On quitte à Sidi-Moussa la route d'Aumale, pour suivre celle de droite qui traverse les haouchs de El-Kobtan, Beni-Mered, Roumili R'arbi,

Le village de Rovigo, à 32 kil. d'Alger, qui porte le nom du général Savary, duc de Rovigo, gouverneur de l'Algérie de décembre 1831 à mars 1833, a été commencé en 1849, dans le voisinage de l'ancien camp de l'Arrach, près de l'endroit où cette rivière débouche dans la plaine. On y voit de magnifiques forêts d'oliviers séculaires.

Près du village sont les eaux minérales d'HAMMAN-MELOUAN (en arabe, bain coloré), qui sont analogues à celles de Balaruc, Lucques, Bourbonne-les-Bains, et sont d'une efficacité constatée dans les maladies de la peau, les cas de goutte, arthrite, rhumatismes, chlorose, engorgements abdominaux, principalement de la rate et du foie.

Les Maures d'Alger en ont été, de tout temps, les visiteurs assidus, et, depuis quelques années, beaucoup d'Européens atteints de douleurs, de maladies cutanées, d'affections internes ou externes diverses, s'y sont rendus et en ont obtenu d'excellents effets.

Il est vivement à désirer que l'on tire enfin parti de ces richesses naturelles si longtemps délaissées. Aussi, les étrangers comme les Algériens seront-ils satisfaits d'apprendre qu'il est question de créer à *Hamman-Melouan* un établissement thermal de premier ordre. Le privilège de l'exploitation des sources vient d'être concédé à un praticien distingué, M. le docteur Feuillet, et le cahier des charges impose au concessionnaire la condition d'un capital d'un million. On a voulu que l'établissement créé fut en rapport avec les immenses et précieuses ressources des thermes et avec le nombre considérable de malades qui, de tous les points de l'Algérie, de la France et de l'Angleterre, viendront, hiver comme été, y chercher la santé. Les Algériens auront ainsi à leurs portes, les moyens curatifs et le comfort, qu'ils vont, à grands frais demander aux eaux de France et d'Allemagne. La douceur de la température, la haute valeur thérapeutique des eaux, le puissant attrait d'un pays que tout le monde veut aujourd'hui connaître, l'extrême proximité d'Alger, tout concourt à assurer un brillant avenir à l'établissement d'*Hamman-Melouan*.

HUSSEIN-DEY. LA MAISON-CARRÉE. FORT-DE-L'EAU.
LA RASSAUTA. ROUIBA. LA REGHAIA. L'ALMA.

Hussein-Dey. Cette localité est desservie par le chemin de fer d'Alger à Blidah. Plusieurs corricolos-omnibus font aussi le service entre Alger et Hussein-Dey.

Maison-Carrée. Localité desservie par le chemin de fer d'Alger à Blidah.

Le *Fondouk* et *Bou-Hamedi*. Place Bresson. Départ à 2 heures du soir. Départ du Fondouk à 8 h. 1/2 du matin.

Rouïba, la Reghaïa et *l'Alma*. Bureaux, place Bresson. Départs à 5 h. du matin et 2 h. 1/2 du soir. Départs de l'Alma à 9 h. du matin et 5 h. du soir.

Quand on est arrivé à Mustapha-Inférieur, à l'entrée du champ de manœuvres, on tourne à gauche et l'on prend la route d'Alger à la Maison-Carrée, qui est parallèle à la voie ferrée d'Alger à Blidah.

A 5 kil. d'Alger. on passe devant l'entrée du *Jardin d'Essai,* qui fait face à la mer (Voir p. 93), et, à quelques pas de là, sur la plage, non loin de l'embouchure de l'oued Khrenis, on voit la koubba de *Sidi-Belal.* « C'est là que les nègres d'Alger viennent chaque année célébrer l'*Aïd-el-Foul*, la fête des fèves. Cette fête a toujours lieu un mercredi, à l'époque appelée Nissam par les indigènes, c'est-à-dire celle où commence à noircir la plante qui porte les fèves. Jusque-là les nègres s'abstiennent de manger de ce légume. Le nom de Belal semble rappeler Bélus, ou Baal, ou Bel, ce Dieu importé en Afrique par les Phéniciens, et à qui l'on offrait des sacrifices d'animaux de toute espèce, et l'Aïd-el-Foul, pourrait n'être autre chose qu'une trace, persistante à travers les siècles, du culte rendu à ce faux Dieu. Du reste, le sacré est mêlé au profane dans le cérémonial de cette fête, qui consiste d'abord à célébrer le *Fatha* ou prière initiale du Coran, et à égorger ensuite un bœuf, des moutons, des poulets, au milieu de danses et de chants. Le bœuf destiné au sacrifice est préliminairement couvert de fleurs. Sa tête est ornée de foulards, et

ce n'est qu'après que les sacrificateurs ont exécuté des danses,
dans lesquelles ils tournent sept fois dans un sens et sept fois
dans un autre, que la victime reçoit le coup mortel. La manière
dont l'animal subit la mort, soit qu'il tombe subitement sous le
couteau qui l'a frappé, soit qu'il s'agite dans une pénible et lente
agonie, est le sujet de pronostics heureux ou malheureux qu'in-
terprètent aussitôt les aruspices noirs.

« Après le sacrifice commence la danse nègre. La troupe des
enfants du Soudan se dirige vers un bassin carré rempli d'eau,
consacré à *Lella Haoua*, sainte femme qui est en grande vénération chez eux ; dans ce moment on voit des individus, hommes
ou femmes, que le trémoussement appelé *djedeb* a violemment
impressionnés, se précipiter ruisselants de sueur dans les flots
de la mer, d'où leurs compagnons ont souvent grand'peine à les
retirer. D'un autre côté et sous des tentes improvisées, les négresses s'occupent à faire cuire les fèves, les premières que les
nègres doivent manger de l'année, et qui servent d'assaisonne-
ment au mouton et au kouskoussou, base du festin. Tout le reste
de la journée se passe en danses et en chants auxquels la musique appelée *derdeba*, c'est-à-dire l'horrible tapage si aimé des
nègres, sert d'accompagnement » — *De Rouzé.*

HUSSEIN-DEY. Ce village, créé par arrêté du 23 mai 1845, à
6 kil. E. d'Alger, longe le rivage de la mer et s'étend sur les coteaux qui terminent le Sahel, dont les ramifications se perdent
dans le cours de l'Harrach. C'est une agglomération de villas,
d'usines, de fermes, de maisons de jardiniers et de guinguettes.
On y passe l'oued Khrenis sur un pont en pierre, à 300 mètres
environ de l'ancien quartier de cavalerie bâti au bord de la mer
autour d'une belle habitation qui appartenait autrefois au pacha
Hussein-Dey. Ces constructions sont aujourd'hui occupées par
un entrepôt des tabacs. La culture maraîchère est très-impor-
tante, de nombreux jardins ont été créés dans les anciennes
dunes.

A quelques centaines de mètres de Hussein-Dey, sur la plage,
entre la mer et une de ces batteries à fleur d'eau qui jalonnent
le rivage, on voit un petit cimetière musulman qui rappelle,

ainsi que la batterie, une expédition espagnole. Les Espagnols, qui avaient débarqué à l'embouchure du Khrenis, furent culbutés et rejetés à la mer (1775) et les 200 musulmans tués dans l'action furent enterrés au pied de la batterie qui, pour cette raison, porte encore aujourd'hui le nom de *Toppanat el Moudjehadin*, batterie des champions de la guerre sainte.

Arrivée sur le bord de l'Harrach, la route tourne brusquement à droite de cette rivière et la passe sur un pont bâti en 1697 et restauré ou reconstruit en 1736, ainsi que le constate une inscription turque, placée sur le parapet.

LA MAISON-CARRÉE, à 12 kil. d'Alger. La construction du fort de la *Maison-Carrée* remonte à l'année 1724. C'était une espèce de caserne d'où les Turcs tombaient à l'improviste sur les tribus pour les châtier ou les forcer à payer l'impôt. Après 1830, la Maison-Carrée fut appropriée par le Génie militaire pour défendre le passage de l'Harrach et surveiller le côté E. de la Mitidja. Elle est devenue aujourd'hui un pénitencier pour les indigènes

FORT-DE-L'EAU. Ce village situé sur le bord de la mer, entre la Maison-Carrée et la Rassauta, à 18 kil. d'Alger, créé par décret du 11 janvier 1850, est un des plus beaux qu'il soit possible de voir. Il est exclusivement peuplé de Mahonnais.

La mer baigne un ancien fort turc, *Bordj-el-Kifan* (Fort de l'Eau), qui doit son nom à l'excellente eau d'un puits creusé dans son intérieur. On y a établi une brigade de gendarmerie.

LA RASSAUTA. Ancienne propriété du beylick, où les Turcs avaient installé un haras. Une ordonnance du 22 décembre 1846 a installé sur une partie de ce territoire la tribu des Aribs, et un décret du 22 août 1851 y a créé un village.

A 10 kil. sont *Aïn-Beïda* et *Aïn-Taya*, deux annexes de La Rassauta.

Matifou. A 27 kil est le hameau de Matifou, créé par décret du 30 septembre 1858. On y voit un ancien fort turc, bâti en 1661 et aujourd'hui démantelé. C'est de la terrasse de ce fort que partait le coup de canon qui signalait aux Algériens l'arrivée des nouveaux pachas envoyés par la Porte.

C'est à Matifou que Charles-Quint se rembarqua après son expédition désastreuse contre Alger, en 1541.

Rusgunia. A gauche du fort Matifou on voit les ruines de l'ancienne ville romaine de Rusgunia. Elles occupent un vaste espace de forme circulaire et au milieu duquel on distingue quelques édifices composés de demi-voûtes et de tronçons de colonnes épars.

LE FONDOUK. A 16 kil. d'Alger, au point appelé le *Retour de la chasse,* la route que l'on suit d'Alger à la Maison-Carrée se bifurque ; un embranchement continue à gauche sur *Fort-de-l'Eau ;* un autre se dirige à droite sur le *Fondouk.* A 3 kilomètres de là, au hameau de la *Maison-Blanche,* de ce dernier embranchement s'en détache un autre, qui va rejoindre la route de la Maison-Carrée à l'Alma.

A 27 kil. d'Alger, on rencontre le village de Bou-Hamedi ; enfin, on arrive, 5 kil. plus loin, au Fondouk.

Le village du Fondouk, situé à l'extrémité orientale de la Mitidja, au pied du versant N. de l'Atlas, près de la rive gauche du Khamis, a succédé en 1844 à un camp établi à peu près au même point dès 1838. Il s'y tient un marché indigène très important, tous les jeudis.

ROUÏBA. Après avoir suivi la route du Fondouk, d'Alger au *Retour de la Chasse,* on la quitte un peu au-delà de ce point, pour prendre celle qu'on rencontre sur la gauche ; on traverse l'oued Hamiz, sur un pont de pierre et l'on arrive à *Rouïba,* village créé le 30 septembre 1853, à 25 kil. d'Alger. Un chemin vicinal joint Rouïba à Aïn-Taya.

LA REGHAÏA. Village créé le 14 octobre 1854, sur un beau domaine baigné par l'oued Reghaïa qui devient navigable vers son embouchure. Le sol est couvert de bois de hautes futaies, notamment de forêts de chênes-liéges et d'oliviers sauvages ; on y voit aussi de belles orangeries et de nombreux vergers.

L'ALMA. Village créé par décret du 25 juillet 1856, près des rives du Boudouaou, à 36 kil. d'Alger, sur le territoire des Khrachna. Ce territoire a été le théâtre d'un brillant combat, dans lequel 907 fantassins et 45 cavaliers sous les ordres du commandant de La Torre repoussèrent et mirent en fuite près de 6,000 Arabes (25 mai 1839). Près de l'Alma se trouve le domaine de l'Oued-Korso, une des plus grandes exploitations agricoles des environs d'Alger.

D'ALGER A BLIDAH

GUIDE A ALGER

D'ALGER A BLIDAH.

—

LE CHEMIN DE FER D'ALGER A BLIDAH.

Le premier railway algérien n'est pas long ; il n'a que cinquante kilomètres, mais c'est le commencement d'un réseau qui
va bientôt s'étendre jusqu'à Oran et Constantine. La voie suit
d'abord le rivage de la mer, au pied des charmants coteaux du
Sahel ; puis arrivée à Hussein-Dey elle s'en éloigne un peu jusqu'à la Maison-Carrée. Près de là une échancrure du Sahel
lui donne entrée dans la plaine de la Mitidja; alors décrivant une
courbe allongée, la voie se dirige du N.-E. vers le S.-O. traverse
des espaces à demi dénudés où des troupeaux nombreux se
montrent çà et là paissant l'herbe rare, et où parmi des bouquets de verdure apparaissent quelques habitations européennes
et quelques douars indigènes. Après ces immenses jachères, on
rencontre des vignes, des champs de tabac, de vastes plantations européennes : c'est la campagne de Boufarik, un ancien
marais dont, suivant l'expression de Théophile Gauthier, un des
représentants de la presse parisienne à l'inauguration de la ligne,
nos laboureurs, rivalisant de courage avec nos soldats, ont fait

une Normandie. Quelques minutes après, on atteint Beni-Mered et les orangeries de Blidah.

Revenons maintenant sur nos pas et arrêtons-nous successivement aux diverses localités qui se trouvent sur le parcours de la voie ferrée.

HUSSEIN-DEY (voir p. 98).

MAISON-CARRÉE (voir p. 99).

GUÉ-DE-CONSTANTINE (voir p. 94), correspondances pour Sidi-Moussa, Rovigo et l'Arba.

BIRTOUTA (le puits du mûrier). Petit hameau créé en décembre 1852 sur la route d'Alger à Blidah, par la plaine, à l'endroit où était établi le quatrième blockaus.

BOU-FARIK. Petite ville, à 34 kil. S. O. d'Alger, et 14 kil. N. de Blidah, au centre de la Mitidja, sur le point de partage des bassins de l'Harrach et du Mazafran, à égale distance de Koléa et de Blida. Traversé par l'armée française en 1832, le territoire de Bou-Farik, marais inhabitable, rempli de sangliers et de bêtes fauves, fut choisi pour l'établissement du premier poste de la plaine. Le marché indigène, qui s'y tenait tous les lundis détermina, en 1835, la création du camp d'Erlon, tracé sur les plans du capitaine Grand, dont un modeste monument, élevé à l'intérieur, rappelle la mémoire. En 1836, quelques maisons groupées autour du camp formaient le noyau de Boufarik. Un arrêté du maréchal Clauzel, à la date du 27 septembre 1836, le dota de concessions domaniales aux dépens des fermes Haouch-Chaouch et Bouya-Gueb. Le 20 février 1840, le nouveau poste fut érigé en chef-lieu de district. Ce centre bâti sur un emplacement si malsain que, suivant un proverbe arabe, les corneilles elles-mêmes ne pouvaient y vivre, est aujourd'hui des plus salubres. Toutes les cultures y réussissent : céréales, tabacs, mûriers, cotons, arbres fruitiers et forestiers, prairies ; de magnifiques avenues d'arbres bordent les routes et encadrent Boufarik d'une fraîche et verdoyante ceinture de la plus splendide végétation.

À droite de la route, en sortant de Boufarik, est le marché où se réunissent, tous les lundis, trois à quatre mille indigènes, et un grand nombre de colons et de bouchers européens. On y a construit un vaste caravansérail, réunissant des écuries, une mosquée, des cafés et les bureaux de perception.

Les annexes de Boufarik sont : *Bir-Touta*, cité plus haut ; les *Quatre-Chemins*, hameau situé à la rencontre des routes d'Alger à Blidah, par Douéra et par la plaine, et du prolongement de cette dernière sur Koléah ; *Chebli*, à 8 kil. E., sur la route de Boufarik à Sidi-Moussa, village renommé pour sa culture des tabacs ; *Souma*, au pied de l'Atlas, à 7 kil. S. de Boufarik, sur la route qui relie Blidah au Fondouk ; *Bouïnan*, hameau sur l'Oued-Riat, à 8 kil. E. de Souma, sur la même route, au pied d'une gorge boisée d'orangers et d'oliviers séculaires ; *Souk-Ali*, hameau situé à 8 kil., entre Boufarik et Chebli, près du beau domaine, ancien haras des deys d'Alger, donné en concession à M. Borély La Sapie, par ordonnance du 29 juillet 1844.

Béni-Mered. Village créé et constitué par arrêtés des 16 janvier et 15 décembre 1843, sur l'emplacement d'un camp fondé en 1838, comme avant-poste de la Mitidja, à 41 kil. S. O. d'Alger, à 7 kil. N. E. de Blidah, à 7 kil S. O de Boufarik. Au centre de la place du village s'élève une fontaine monumentale surmontée d'un obélisque, versant l'eau par quatre mascarons en bronze et garnie de vasques, élevée à la mémoire de 22 braves du 26e de ligne, commandés par le sergent Blandan, qui, en 1842, tombés dans une embuscade, se défendirent héroïquement contre 300 cavaliers arabes. Tous périrent, à l'exception de cinq des compagnons de Blandan, sauvés par l'arrivée de quelques chasseurs d'Afrique qui, accourus de Boufarik au bruit de la fusillade, mirent les Arabes en fuite.

Blidah. Célèbre sous la domination turque, comme séjour des plaisirs faciles, ce qui lui avait mérité le titre de la *Kaba (la Courtisane)*, Blidah avait une grande importance par le chiffre de sa population, son commerce avec le beylick de Tittery, l'étendue et la richesse de ses jardins remplis de citronniers et d'orangers. Renversée en partie par le tremblement de terre de

1825, qui ensevelit 7,000 habitants sous les décombres, elle était encore en ruines et à peu près dépeuplée lorsque, le 23 juillet 1830, le maréchal Bourmont y fit une première reconnaissance ; il fut accueilli avec cordialité et y resta un jour. Mais en peu de mois les dispositions des esprits changèrent : le 19 novembre 1830, le maréchal Clauzel n'y pénétra qu'en combattant, ainsi que le 26, à son retour de l'expédition de Médéah : il n'y put tenir. Blidah resta en dehors de notre action jusqu'au 3 mai 1838, jour où le maréchal Valée se présenta sous ses murs, et reçut la soumission de ses habitants. Mais ne voulant pas pénétrer dans la ville, par ménagement pour la population, il s'établit dans les camps supérieur et inférieur qui sont devenus les villages de Joinville et de Montpensier. L'armée française n'occupa la ville qu'à la reprise des hostilités avec Abd-el-Kader. Son territoire, remarquable par la beauté du paysage, la richesse du sol, l'abondance des eaux, est comme perdu dans une forêt embaumée d'orangers, de jujubiers et d'arbres de toute essence. Ses jardins et ses vergers sont arrosés par les eaux de l'Oued-Sidi-el-Kebir, dont les sources, situées en amont, à une lieue environ de la ville, sont protégées par les tombeaux de Mohammed-el-Kebir et de ses deux fils, but de pieux pélerinages à travers des gorges que la nature et la culture embellissent. La ville, partie mauresque, partie rebâtie à neuf par les Français, est percée de plusieurs rues droites et larges, parmi lesquelles il faut mentionner la rue d'Alger et la rue Bab-el-Sebt ; une jolie promenade est le *Bois-Sacré*, qui est ainsi nommé parce qu'il renferme une kouba en vénération chez les musulmans : c'est un magnifique bois d'oliviers qui a été le théâtre de plusieurs actions meurtrières au temps de la guerre. Il ne faut pas oublier non plus l'orangerie du Tapis-Vert, dont M. Auguste François a fait une charmante retraite, et qui renferme plusieurs arbres de toute beauté. Citons encore le haras où l'on voit plusieurs étalons remarquables. Enfin, ne quittons pas Blidah sans recommander aux voyageurs la visite de sa nouvelle église, dont l'irréprochable architecture et la coquette élégance font honneur à l'architecte, M. Gentilhomme, inspecteur des bâtiments civils. Simple dans ses proportions, l'église de Blidah se rattache, dans les détails de son ormentation, à l'ère romane secondaire, et a un cahet particulier d'originalité qui se rapporte au pays.

Les *orangeries* s'étendent actuellement sur une superficie de 110 hect. 58 ar. 98 c.; elles comportent 10,784 pieds d'orangers en plein rapport ; 12,436 nouvellement plantés ; 4,119 citronniers, 2,026 limonniers, 265 cédratiers et 2,148 orangers chinois. On peut, en outre, évaluer à plus de 35,000 les jeunes plants qui se trouvent à l'état de pourettes dans les jardins.

A une douzaine de kilomètres de Blidah, sont les Gorges de la Chiffa. Ces gorges profondes, de la plus sauvage beauté, rappellent, par les travaux gigantesques qui y ont été exécutés par l'armée, une des pages les plus glorieuses de notre histoire algérienne. De nombreux combats ont eu lieu sur ces montagnes que traverse aujourd'hui la route de Blidah à Médéah. Au pied d'un ruisseau, appelé le *Ruisssau des Singes*, est une auberge excellente qui offre au visiteur des gorges les moyens de se rafraichir et de déjeûner même très confortablement.

———

On comprend sous le nom de Mitidja la vaste plaine qui s'étend de l'ouest à l'est, du pied du mont Chenoua jusqu'au-delà du cap Matifou, sur une longueur de 96 kilomètres et une largeur moyenne de 22, ce qui lui donne une superficie d'environ 2,000 kil. carrés, soit 125 lieues carrés ou 200,000 hectares. Elle a la forme d'un long rectangle dirigé du N.-E. au S.-O., limité au N. par les collines tertiaires du Sahel et le massif du Bou-Zaréah, à l'E., au S. et à l'O. par les hautes chaînes secondaires de l'Atlas. Elle s'ouvre au N.-E. sur la baie d'Alger, où s'écoule la plus grande partie de ses eaux.

« On a beau, dit M. E. Fromentin, la parcourir à la française, sur une longue chaussée civilisée par des ornières, y trouver des relais, des villages, et de loin en loin des fermes habitées : c'est encore une vaste étendue solitaire où le travail de l'homme est imperceptible, où les plus grands arbres disparaissent sous le niveau des lignes, très mystérieuse comme tous les horizons plats, et dont on ne découvre distinctement que les extrêmes limites. »

M. Mac-Carthy divise la Mitidja en trois parties très distinc- tes : la *partie orientale*, limitée par l'Harrach, où se trouvent Rovigo, l'Arba, Rivet, le Fondouk, Bou-Hamedi, la Maison- Blanche, le Fort-de-l'Eau, Rouïba, la Reghaia, l'Alma, et dont le territoire est occupé en outre par les Khrachna et les Beni- Moussa ; la *partie centrale*, où l'on trouve Blidah, Boufarik, Joinville, Montpensier, Dalmatie, Beni-Mered, Souma, Bouinan, Chebli, Birtouta, les Quatre-Chemins et l'Oued-el-Halleg ; sa po- pulation indigène forme la tribu des Beni-Khrelil ; la *partie oc- cidentale* comprend les villages de la Chiffa, Mouzaïaville, Bou- Roumi, El-Affroun, Ameur-el-Aïn, Marengo, tous placés au pied de l'Atlas ; les Hadjoutes occupent le milieu de cette troisième partie.

VOCABULAIRE

GUIDE A ALGER

VOCABULAIRE

DES MOTS ARABES LES PLUS USITÉS.

L'HOMME.

Homme	*radjel.*
Femme	*mra.*
Garçon	*ouled.*
Fille	*bent.*
Vieillard	*cheikh*

LES VÊTEMENTS.

Pantalon	*seroual.*
Veste	*djabadoli*
Burnous	*beurnous.*
Chapeau	*berrita.*
Calotte	*chachia.*
Bas	*chekacher.*
Souliers	*sebabet.*
Bottes	*temak.*

LES ARMES.

Sabre	*sif.*
Hâche	*chakour.*
Fusil	*mekahla.*
Pistolet	*kabous.*
Poudre	*baroud.*
Plomb	*chatma.*

LES ANIMAUX.

Cheval	*aoud.*
Jument	*fereus.*
Chien	*kelb.*
Chat	*kat.*
Bœuf	*feurd.*
Vache	*begra.*
Veau	*oukrife.*
Mulet	*beurhel*
Ane	*hamar.*
Mouton	*kebch.*
Brebis	*nâdja.*
Bouc	*atrouss.*
Chèvre	*mâza.*
Porc	*hallouf.*
Chameau	*djemel.*
Coq	*serdouk.*
Poule	*djadja.*
Canard	*brak*
Oie	*ouaz.*
Dindon	*djada-el-hend.*
Pigeon	*khammam.*
Lion	*sba.*
Panthère	*nemr.*
Hyène	*dhebaa.*

Chacal	dib.	Mors	fass.
Sanglier	hallouf-el-rahba.	Gourmette	kholka.
Antilope	begeur-el-houach	Bât	berdâ.
Gazelle	rezala.	Couverture	djelal.
Lièvre	arneb.		
Lapin	gnin.		
Autruche	nâm.		

LA CAMPAGNE.

Outarde	houbara.	Nord	dahra.
Perdrix	hadjela.	Sud.	kebli.
Caille	semmana.	Est	cherki.
Cigogne	bellaredj.	Ouest	rarb.
Grèbe	kaïkel.	Montagne.	djebel.
Aigle	nser.	Terre	ardh.
Faucon	thair-el-horr.	Bois	rhâba.
Tortue	fekroun.	Lac	guelt.
Vipère	lefâ.	Rivière	oued.
Scorpion	akrab.	Prairie	merbâ.
Lézard	deb.	Eau	ma.
Sangsue	alka.	Mer	bahar.
Moustique	namous.	Marais	meurdja.
		Chemin	trik.

CE QUI CONCERNE LES ANIMAUX.

		Plaine	outa.
		Col	tenia.
		Roeher	kef.
Cuir	djeld.	Fossé	hafir.
Peau	djeld.	Grotte	rar.
Toison	djezza.	Pont	qantara.
Corne	qorn.	Village	douar.
Os	âdâm.	Tente.	guitoun.
Laine	souf.	Fontaine	aïn.
Fer à cheval	sfihha.	Broussaille	ghâba.
Tête	ras.	Jardin	djenan,
Corps	djesèd.	Puits à roues	noria.
Patte	redjel.	Fleurs	nouar.
Queue	zaqâ.	Arbre	chedjera.
Plume	rich.	Branches	ârouf.
Poil	châr.	Feuilles	ouraq.
Dents	senan	Jardin po-	
Bec	monqar.	tager	bahheira.
OEil	aïn.	Terre la-	
Selle	serdj.	bourée	ard mehherout.
Étrier	rekab.	Epines	chouk.
Sangle	khezam.	Pierres	hadjeur.
Harnais	hordj.	Sable	romel.
Bride	ledjam	Poussière	ghobar.

GRAINES ET LÉGUMES.

Blé	qomh.
Orge	châir.
Foin	gourt.
Pois	djelbana.
Haricots	loubia.
Maïs	bechena.
Lentilles	âdes.
Pois chiches	lablabi.
Tomate	tomatech.
Salade	salata.
Artichaut	qarnoun.
Fève	foul.
Epinards	spinar.
Ail	toum.
Persil	madenous.
Céleri	kerfes.
Verdure	khodera.
Oseille	khommaïd.
Melon	bettikh.
Pastèque	dellâ.
Courge	qara.
Choux	qrombit.
Asperges	seqqoum.
Concombres	khiar.
Oignons	bosal.
Carottes	zerodia.
Herbe	havhich.
Graine	Zeria.
Bouture	ghosn.
Paille	teben.
Capre	kebbar.
Choux-fleur	flour.
Navets	lefd.
Pommes de terre	batata.
Cardons	khorchef.
Cresson	qarsa.
Aubergine	bedennejan.
Radis	mechetehi.

ARBRES.

Olivier	chedjerat-ez-zi-toun.
Chêne vert	senedian.
Liége	feurdj-en-nis.
Pommier	chedjerat-et-lef-fah.
Poirier	chedjerath-el-lendjas.
Prunier	chedjerath-el-âouïne.
Cerisier	chedjerath-hab-el-melouk.
Vigne	âriche.
Peuplier	safsaf.
Cèdre	senoubeur.
Palmier	nakhela.
Laurier	round.
lentisque	kemkam.
Figuier	chedjerath-el-karmous.
Pêcher	chedjerath-el-khoukh.
Abricotier	chedjerath-el-mechmache.
Bananier	chedjerath-el-mouze.
Oranger	chedjerath-el-tchina.
Citronnier	chedjerath-el-lime-qâreuse.
Grenadier	chedjerath-er-rommân.
Cyprès	seroula.
Jujubier	annab.
Noyer	djouza.
Cassier	chedjerath-elban.
Figuier de barbarie	karmous en Nsa-ra.

FLEURS, ARBUSTES ET FRUITS.

Rosier	chedjerath-el-ouerd.
Rose	ouerda.
OEillet	qronfel.
Framboisier	âlliq.
Fraisier	tout-el-qâa.
Geranium	abra-errâï.
Jasmin	iasmin.
Giroflée	khili.
Pavot	kheuchkhach.
Violette	bellesfendj.
Narcisse.	nerdjes.
Jacinthe	elias.
Lis	sisan.
Cassis	ban.
Laurier-rose	defela.
Raisin	âneb.
Pommes	teffah.
Poires	lendjas.
Prunes	âouïne.
Dattes	temer.
Cerises	melouk.
Figues	karmous.
Pêches	khoukh.
Abricot	mechmache.
Banane	mouze.
Orange	tchina.
Citron	lime-qâreuse.
Grenade	rommâm.
Amandes	louz.
Raisin sec	zebib.

LE TEMPS.

Soleil	chems.
Jour	nhar.
Matin	sbah.
Midi	dohor.
Après-midi	eulam.
Lune	komar.
Etoile	nedjma.
Soir	eucha.

Nuit	lila.
Chaleur	srana.
Froid	beurd.
Vent	rih
Nuage	shaba.
Pluie	cheta.
Orage	rad.
Boue	rerka.
Neige	tseldj.
Année	sena.
Mois	cheher.
Jour	ioum.
Heure	saâ.
Dimanche	ioum-el-hâd.
Lundi	ioum-el-etnin.
Mardi	ioum-el-telata.
Mercredi	ioum-el-arbâ.
Jeudi	ioum-el-khramis
Vendredi	ioum-ed-djemâ.
Samedi	ioum-es-sebt.
Hier	el-bara.
Aujourd'hui	el-ioum.
Demain	redoua.
Après de-main	bad-redoua.

LE REPAS.

Pain	khrobs.
Eau	ma.
Vin	cherob.
Lait aigre	leben.
Lait doux	halib.
Beurre	zibda.
Viande	lahm.
OEufs	bida.
Poisson	houta.
Huile	zit.
Vinaigre	khral.
Miel	asel.
Poivre	felfel.
Sel	melh.
Assiette	tebsi.
Couteau	mous.
Cuiller	mrherfa.

Outre	kerba.
Serviette	foutha.

POUR DORMIR.

Lit	frach.
Matelas	methrah.
Tapis	besath
Couverture	lehhaf.
Chandelle	chema.
Lampe	meshah.

LES MÉTAUX.

Fer	hadid.
Acier	dekir.
Plomb	rsas.
Cuivre	nehas.
Argent	fodda.
Or	dahab.
Argent mon-nayé	draham.

LES COULEURS.

Blanc	abiod.
Noir	akhal.
Rouge	ahmar.
Jaune	assfar.
Vert	akhredar.
Bleu	azreq.
Violet	mour.
Gris	rmahdi.

NOMBRES.

Un	ouahhed.
Deux	zoudj
Trois	tleta.
Quatre	arbâ.
Cinq	khramsa.
Six	setta.
Sept	seba.
Huit	tmenia.
Neuf	tesaâ.
Dix	achra.

Onze	ahdache.
Douze	tenache.
Treize	tlelache.
Quatorze	arbatache.
Quinze	khramsatache.
Seize	settache.
Dix-sept	sebâtache.
Dix-huit	tementache.
Dix-neuf	tesatache.
Vingt	acherin.
Trente	tletin.
Quarante	arbaïn.
Cinquante	khramsin.
Soixante	settin.
Soixante-dix	sebaïn.
Quatre-vingts	temantïn.
Quatre-vingt-dix	tesaïne.
Cent	mia.
Mille	elaf.

ADJECTIFS LES PLUS USITÉS.

Bon	mlehh.
Beau	chebab.
Mauvais	douni.
Joli	djemil.
Propre	nedife.
Droit	mestoui.
Large	ouassâ.
Haut	aali.
Bas	ouati.
Etroit	dïque.
Rond	medoueur.
Grand	kebir.
Petit	seghir.
Court	kessir.
Long	touile.
Sale	mouesseukh.
De travers	maoueudj.
Epais	khechine.
Mince	reqique.
Carré	merabbâ.

ADVERBES ET PRÉPOSITIONS.

Combien	*kaddech.*
Beaucoup	*bezeff.*
Assez	*barka.*
Peu	*chouïa.*
Ensemble	*soûa-soûa.*
Dessus	*ala, fouk.*
Dessous	*tahhat.*
Devant	*koddam.*
Derrière	*auera.*
A côté	*fi djeub.*
Au milieu	*oust.*
En haut	*fouk.*
En bas	*esfel.*
Dedans	*dakhrel, fi.*
Sur	*ala.*
Dehors	*berra.*
A droite	*imin.*
A gauche	*chemal.*
Ici	*hena.*

VERBES LES PLUS USUELS.

Atteler	*rebot.*
Arracher	*qelâ.*
Acheter	*chera.*
Aller	*mecha.*
Apporter	*djab.*
Arroser	*resch.*

Abreuver	*seqa.*
Boire	*chreub.*
Comprendre	*fham.*
Couper	*qetâ.*
Courir	*djerâ.*
Creuser	*hafar.*
Coucher (se)	*reqod.*
Dormir	*rkeud.*
Donner	*ata*
Dire	*kâl.*
Fleurir	*nouar.*
Gagner	*rebahh.*
Gâter	*fassed.*
Hâter (se)	*astadjel.*
Habiller	*lebes.*
Laver	*ghessel.*
Lever (se)	*qâm.*
Manger	*kla.*
Marquer	*khassod.*
Montrer	*ourra.*
Planter	*gheross.*
Puiser	*djebedel ma.*
Porter	*refed.*
Prendre	*kheda.*
Plaindre (se)	*echteka.*
Travailler	*kkedem.*
Venir	*dja.*
Voler	*serraq.*
Vouloir	*khab.*
Voir	*chaf.*
Voyager	*sefer.*
Vendre	*baâ.*

DEUXIÈME PARTIE DU GUIDE

INDICATEUR

de la Ville d'Alger

L'INDICATEUR

DE LA

VILLE D'ALGER

CONTENANT

Le Calendrier.
Les Rues, Places, Bazars, Passages, Impasses.
Les circonscriptions des Commissariats de Police
et des Justices de paix.
Les adresses des Bureaux des diverses Administra-
trations Civiles et Militaires.
Les jours et heures de départ des Courriers.
Le Service des Paquebots de la Méditerranée.
Les Stations et les Tarifs du Chemin de fer
d'Alger à Blidah.
Les Bureaux des Lignes Télégraphiques avec
le Tarif des Dépêches.
Les Stations et Tarifs des voitures de place
et des Corricolos-Omnibus.
Le Corps Consulaire.
Les adresses des Défenseurs, Notaires,
Commissaires priseurs, Huissiers, Avocats,
Courtiers, Banquiers, Changeurs, Escompteurs.
Pharmaciens et Médecins.

—

2e ÉDITION

ALGER
TISSIER, LIBRAIRE, RUE BAB-EL-OUED.

—

1863

DÉPOSÉ.

— 2 —

Rue Bab-el-Oued, 11, à Alger.

GRAND HOTEL ET RESTAURANT DE PARIS

Dirigé par M. Calamand.

MM. les Etrangers, Touristes et Commerçants et MM. les Habitants de l'Algérie trouveront dans cet Hôtel tout le comfort désirable. — Déjeùners et Dìners à la carte et à prix fixe. — Salons pour Noces et Repas de corps.

PLACE NAPOLÉON, PRÈS LE THÉATRE, A ALGER.

Grand Hôtel de l'Europe

DIRIGÉ PAR M. LEJEUNE.

Ce magnifique Hôtel est situé dans l'un des plus beaux quartiers d'Alger. Sa vue sur la mer le recommande à MM. les Voyageurs, Touristes et Commerçants. — Beaux appartements.

DÉJEUNERS ET DINERS A LA CARTE ET A PRIX FIXE.

HOTEL DES AMBASSADEURS

Rue de la Marine, 14

TENU PAR M. Paul BOUCACHARD.

Cet Hôtel se recommande aux Etrangers et aux Voyageurs par sa position et le confortable que l'on y trouve.

BIJOUTERIE, JOAILLERIE, ORFÉVRERIE, BRONZE, OBJETS D'ART

PORCELLAGA

successeur de GAROT à ALGER — rue Bab-el-Oued, maison Latour-du-Pin.

Achat d'or et d'argent, diamants et pierres de couleurs

ÉCHANGE ET RÉPARATION DE BIJOUX

ORFEVRERIE et COUVERTS de Ch. Christofle et Cᵉ.

PRODUITS INDIGÈNES fabriqués à Alger.

CALENDRIER 1863

	JUILLET			AOUT	
1	M	S. Martial.	1	S	S. Pie. S. L.
2	J	VISIT. DE N.-D.	2	DIM	S. Etienne.
3	V	S. Anatole.	3	L	Sus. S. Cr.
4	S	Tr. S. Martin.	4	M	S. Dominique.
5	DIM	Ste Zoé.	5	M	S. Yon.
6	L	S. Tranquillin.	6	J	Tr. de N.-S.
7	M	Ste Aubierge.	7	V	S. Albert.
8	M	S. Priscille.	8	S	S. Justin.
9	J	Ste Véronique.	9	DIM	S. Romain.
10	V	Ste Féiicité.	10	L	S. Laurent.
11	S	Tr. S. Benoît.	11	M	Sus. Ste Cou.
12	DIM	S. Gualbert.	12	M	Ste Claire.
13	L	S. Turiaf.	13	J	S. Hippolyte.
14	M	S. Bonaventure.	14	V	S. Guer.
15	M	S. Henri.	15	S	ASSOMPTION.
16	J	N.-D. du M.-C.	16	DIM	S. Roch..
17	V	S. Alexis.	17	L	S. Mamès.
18	S	S. Clair.	18	M	Ste Hélène.
19	DIM	S. Vincent de Paul.	19	M	S. Louis.
20	L	Ste Marguerite.	20	J	S. Bernard.
21	M	S. Victor.	21	V	D. Privat.
22	M	Ste Madeleine.	22	S	S. Symphorien.
23	J	S. Apollinaire.	23	DIM	Ste Jeanne.
24	V	Ste Christine.	24	L	S. Barthélemy.
25	S	S. Jacques s. ch.	25	M	S. Louis.
26	DIM	Tr. S. Marcel.	26	M	S. Zéphyrin.
27	L	S. Pantaléon.	27	J	S. Césaire.
28	M	Ste Anne.	28	V	Ste Augustine.
29	M	Ste Marthe.	29	S	S. Médéric.
30	J	S. Abdon.	30	DIM	S. Fiacre.
31	V	S. Germain l'Aux.	31	L	S. Ovide.

CALENDRIER 1863

SEPTEMBRE			OCTOBRE		
1	M	S. Leu.	1	J	S. Remi.
2	M	S. Antoine.	2	V	SS. Anges Gard.
3	J	Ste Phébé.	3	S	S. Gérard.
4	V	Ste Rosalie.	4	DIM	S. François d'Ass.
5	S	S. Victorin.	5	L	Ste Flavie.
6	DIM	Ste Eve.	6	M	S. Bruno.
7	L	S. Cloud.	7	M	Ste Justine.
8	M	NATIVIT. DE N.-D.	8	J	Ste Brigitte.
9	M	S. Omer.	9	V	S. Denis.
10	J	Ste Pulchérie.	10	S	S. Cassius.
11	V	S. Emilien.	11	DIM	S. Gusman.
12	S	S. Raphael.	12	L	S. Wilfrid.
13	DIM	S. Aimé.	13	M	S. Edouard.
14	L	S. Cyprien.	14	M	S. Calixte.
15	M	S. Lubin.	15	J	Ste Thérèse.
16	M	Ste Euphémie.	16	V	S. Bertrand.
17	J	S e Arianne.	17	S	S. Florentin.
18	V	Ste Fanny.	18	DIM	S. Luc.
19	S	S. Janvier.	19	L	S. Amable.
20	DIM	S. Eustache.	20	M	Ste Cléopâtre.
21	L	S. Mathieu.	21	M	Ste Céline.
22	M	S. Maurice.	22	J	Ste Alodie.
23	M	Ste Thècle.	23	V	S. Gratien.
24	J	S. Germer.	24	S	L. Magloire.
25	V	S. Firmin.	25	DIM	S. Crépin.
26	S	S. Théotiste.	26	L	S. Evariste.
27	DIM	L. Côme.	27	M	S. Armand.
28	L	S. Venceslas.	28	M	S. Alfred.
29	M	S. Michel.	29	J	S. Maximilien.
30	M	S. Jérôme.	30	V	S. Lucain.
			31	S	S. Quentin.

CALENDRIER 1863

	NOVEMBRE			DÉCEMBRE	
1	DIM	TOUSSAINT.	1	M	S. Eloi.
2	L	JOUR DES MORTS.	2	M	Ste Aurélie.
3	M	S. Hubert.	3	J	S. François Xavier
4	M	S. Charles.	4	V	Ste Barbe.
5	J	S. Zacharie.	5	S	S. Babas.
6	V	S. Léonard.	6	DIM	S. Nicolas.
7	S	S. Ernest.	7	L	S. Fare.
8	DIM	S Dieudonné.	8	M	IMMAC. CONCEPT.
9	L	S. Mathurin.	9	M	Ste Léocadie.
10	M	Ste Nymphe.	10	J	S. Daniel.
11	M	S. Martin.	11	V	S. Valère.
12	J	Ste Estelle.	12	S	S. Maxence.
13	V	S. Brice.	13	DIM	Ste Luce.
14	S	S. Balsamie.	14	L	S. Nicaise.
15	DIM	Ste Eugénie.	15	M	S. Faustin.
16	L	S. Edme.	16	M	Ste Adelaïde.
17	M	S. Agnat.	17	J	S. Lazare.
18	M	S. Mandé.	18	V	S. Gatien.
19	J	Ste Elisa.	19	S	S. Timoléon.
20	V	S. Octave.	20	DIM	S. Philogone.
21	S	S. Estève.	21	L	S. Thomas.
22	DIM	Ste Cécile.	22	M	S. Zénon.
23	L	S. Clément.	23	M	Ste Victoire.
24	M	Ste Flore.	24	J	S. Delphin.
25	M	Ste Catherine.	25	V	NOEL.
26	J	Ste Victorine.	26	S	S. Etienne.
27	V	S. Virgile.	27	DIM	S. Jean.
28	S	S. Sosthène.	28	L	SS. Innocents.
29	DIM	AVENT.	29	M	Ste Eléonore.
30	L	S. André.	30	M	S. Roger.
			31	J	S. Sylvestre.

CALENDRIER 1864

JANVIER			FÉVRIER		
1	V	CIRCONCISION.	1	L	S. Ignace, m.
2	S	S. Isidore.	2	M	PURIFICATION.
3	DIM	Ste Geneviève.	3	M	S. Blaise.
4	L	S. Rigobert.	4	J	S. Gilbert.
5	M	Ste Emilienne.	5	V	Ste Agathe.
6	M	EPIPHANIE.	6	S	S. Waast
7	J	Ste Mélanie.	7	DIM	S. Romuald.
8	V	S. Lucien.	8	L	S. Jean de M.
9	S	S. Pierre, év.	9	M	*Mardi-Gras.*
10	DIM	S. Paul, erm.	10	M	*Cendres.*
11	L	S. Théodore.	11	J	S. Séverin.
12	M	S. Acade, m.	12	V	Ste Eulalie.
13	M	Bapt. de J.-C.	13	S	S. Grégoire.
14	J	S. Hilaire.	14	DIM	S. Valentin.
15	V	S. Maur.	15	L	S. Faustin.
16	S	S. Guillaume.	16	M	Ste Julienne.
17	DIM	S. Antoine.	17	M	S. Théodule.
18	L	Ch. s. P. à R.	18	J	S. Siméon.
19	M	S. Sulpice.	19	V	S. Gabin.
20	M	S. Sébastien.	20	S	Ste Euchère.
21	J	Ste Agnès.	21	DIM	S. Pépin.
22	V	S. Vincent.	22	L	Ste Isabelle.
23	S	S Alph. ou Ild.	23	M	S. Mérault.
24	DIM	*Septuagésime.*	24	M	S. Mathias.
25	L	C. de S. Paul.	25	J	S. Césaire.
26	M	Ste Paule.	26	V	S. Nestor.
27	M	S. Julien.	27	S	S. Pacôme.
28	J	S. Charlemagne.	28	DIM	Ste Honorine.
29	V	S. François de S.	29	L	S. Romain.
30	S	Ste Bathilde.			
31	DIM	Ste Marcelle.			

PHARMACIENS (Suite.)

ALCANTARA, rue Bab-el-Oued, au coin de la rue Philippe.
L. BISSACANI, place du Gouvernement.
BORDO, rue Bab-el-Oued, en face l'Hôtel de Paris.
DEFRANCE, pharmacien homœopathe et allopathe, rue Bab-Azoun, 13.
Ch. LALLEMANT, rue d'Isly, 5.
MARRE, pharmacien à Mustapha-Inférieur, 5.
A. RÈVERARD, rue Bab-Azoun, 7.

CALENDRIER 1864

	MARS			AVRIL	
1	M	S. Aubin.	1	V	S. Hugues.
2	M	S. Simplice.	2	S	S. Franç. de P.
3	J	Ste Cunégonde.	3	DIM	*Quasimodo.*
4	V	S. Casimir.	4	L	S. Isidore.
5	S	S. Adrien.	5	M	S. Albert.
6	DIM	Ste Colette.	6	M	Ste Prudence.
7	L	S. Thomas d'Aq.	7	J	S. Clotaire.
8	M	S. Ponce.	8	V	S. Edèse.
9	M	Ste Françoise.	9	S	Ste Marie Eg.
10	J	S. Blanchard.	10	DIM	S. Preux.
11	V	S. Euloge.	11	L	Ste Godeberte.
12	S	S. Paul, év.	12	M	S. Jules.
13	DIM	*Passion.*	13	M	S. Marcellin.
14	L	S. Lubin.	14	J	S. Tiburce.
15	M	S. Zacharie.	15	V	S Maxime.
16	M	S. Cyriaque.	16	S	S. Paterne.
17	J	Ste Gertrude.	17	DIM	S. Anicet.
18	V	S. Alexandre.	18	L	S. Parfait.
19	S	S. Joseph.	19	M	S. Léon.
20	DIM	*Rameaux.*	20	M	S. Théotime.
21	L	S. Benoît.	21	J	S. Anselme.
22	M	S. Emile.	22	V	Ste Opportune.
23	M	S. Victorien.	23	S	S. Georges.
24	J	S. Simon.	24	DIM	S. Fidèle.
25	V	*Annonciation.*	25	L	S Marc, évang.
26	S	S. Ludger.	26	M	S. Clet.
27	DIM	PAQUES.	27	M	S. Polycarpe.
28	L	Ste Dorothée.	28	J	S. Vital.
29	M	S. Gontran.	29	V	S. Robert.
30	M	S. Rioul.	30	S	S. Eutrope.
31	J	Ste Balbine.			

CALENDRIER 1864

MAI				JUIN		
1	J	S. Philippe.		1	M	S. Pamphile.
2	DIM	S. Athanase.		2	M	Ste Emilie.
3	L	Inv. ste Croix.		3	J	Ste Clotilde.
4	M	Ste Monique.		4	V	S. Optat.
5	M	ASCENSION.		5	S	S. Boniface.
6	J	S. Jean P.-L.		6	DIM	S. Claude, év.
7	V	S. Stanislas.		7	L	S. Lié.
8	S	Ste Désirée.		8	M	S. Médard.
9	DIM	Tran. s. Nic.		9	M	Ste Pélagie.
10	L	S. Gordien.		10	J	S. Landri.
11	M	S. Mamert.		11	V	S. Barnabé.
12	M	S. Pancrace.		12	S	Ste Olympe.
13	J	S. Servais.		13	DIM	S. Antoine de P.
14	V	S. Pacôme.		14	L	S. Ruffin.
15	S	PENTECOTE.		15	M	S. Modeste.
16	DIM	S. Honoré.		16	M	S. Cyr.
17	L	S. Pascal.		17	J	S. Avit.
18	M	S. Venance.		18	V	Ste Marine.
19	M	S. Yves.		19	S	S. Gervais.
20	J	S. Bernardin.		20	DIM	S. Sylvère.
21	V	S. Sospis.		21	L	S. Leufroy.
22	S	Ste Julie.		22	M	S. Paulin.
23	DIM	S. Didier.		23	M	S. Jacob.
24	L	S. Donatien.		24	J	Nat. de s. J.-B.
25	M	S. Urbain.		25	V	S. Prosper.
26	M	Fête-Dieu.		26	S	S. Babolein.
27	J	S. Hildevert.		27	DIM	S. Crescent.
28	V	S. Germain.		28	L	S. Loubert.
29	S	S Maximin.		29	M	S. Pierre s. Paul.
30	DIM	S. Ferdinand.		30	M	Com. s. Paul.
31	L	Ste Pétronille.				

Annonces commerciales.

INDICATEUR

DES

RUES, PLACES, IMPASSES, PASSAGES, BAZARS.

TENANTS.	RUES.	ABOUTISSANTS.

A

de Thèbes.	Abencérages (des)	de l'Empereur.
de Thèbes.	Abdallah	Staouéli.
de la Pte-Neuve.	Abdérames (des)	d'Amfreville.
de l'Agha.	Abreuvoir (de l')	Rovigo.
Sidi–Ferruch.	Adada	de la Fonderie.
place Bresson.	Agha (de l')	de l'Agha.
Bab-Azoun.	Aigle (de l')	de la Flèche.
du Chat.	Akermimout	Katarougil.
Sidney Smith.	Alexandrie (d')	d'Héliopolis.
Akermimout.	Albukerque	Katarougil.
Porte de France.	Amirauté (de l')	au Môle.
de la Pte–Neuve.	Amfreville (d')	Kléber.
de Chartres.	Ammon (d')	de la Lyre.
de la Pte-Neuve.	Annibal	de la Casbah.
ds la Pte-Neuve.	Antilope (de l')	Juba.
de la Marine.	Arc (de l')	imp. G. Mosquée.
Annibal.	Atlas (de l')	de la Casbah.
du Chêne.	Augustin (St-)	impasse.
de l'Agha.	Aumale (d')	de Tanger.

B

pl. du Gouvern.	Bab-el-Oued	pl. Bab-el-Oued.
à l'Arsenal.	Bab-el-Oued (pl.)	Bab-el-Oued.
pl. du Gouvern.	Bab-Azoun	pte Bab-Azoun.
de la Gazelle.	Baleine (de la)	Ximénès.
de la Marine.	Banque (de la)	de la Marine.

TENANTS.	RUES.	ABOUTISSANTS.
	B (suite)	
de la Casbah.	Barberousse	des Mogrebins.
des Consuls.	Bélisaire	du 14 juin.
de la Pte-Neuve.	Bénachère	du Lézard.
Impasse.	Benga	Staouéli.
des Abencérages.	Ben-Ali	des Sarrazins.
de la Pte-Neuve.	Beurre (au)	du Lézard.
Doria.	Bisson	Bab-el-Oued.
Dèsaix.	Bleue	du Regard.
de la Pte-Neuve.	Blondel	du Lézard.
Médée.	Bocchus	place Bresson.
Bab-Azoun.	Bosa	Bab-Azoun.
de la Casbah.	Bône (de)	des Mogrebins.
Réné-Caillé.	Bonite (de la)	Impasse.
de l'Intendance.	Boulabah	de la Casbah.
du Lézard.	Boutin	du Divan.
Route de Constantine.	Bresson (place)	Bab-Azoun et Bochus.
au Beurre.	Brémontier	Blondel.
place du Soudan	Bruce	place Jénina.
des Consuls.	Brueys	de la Taverne.
de Constantine.	Bugeaud	de Tivoli.
	C	
Bab-Azoun.	Caftan (du)	de Chartres.
de Tanger.	Carrefour (du)	d'Isly.
Bab-el-Oued.	Casbah (de la)	de la Victoire.
de la Casbah.	Id.	Impasse.
de la Girafe.	Caton	Kléber.
Médée.	Centaure (du)	du Rempart.
Annibal.	Chameau (du)	de la Casbah.
Bab-el-Oued.	Charles-Quint	de la Casbah
de la Marine.	Charte (de la)	de la Révolution.
Bab-Azoun.	Chartres (de)	du Divan.

TENANTS.	RUES.	ABOUTISSANTS.
	C (suite)	
de Chartres.	Chartres (pl. de)	N. du Commerce.
de la Casbah.	Chat (du)	du Locdor.
Bélisaire.	Cheval (du)	de la Licorne.
de Chartres.	Chêne (du)	Médée.
pl. de Chartres.	Citati	Scipion.
pl. du Gouvern.	Cléopâtre	Bab-el-Oued.
esp. de la Casbah.	Colombe (de la)	de la Baleine.
pl. de Chartres.	Colonie (de la)	de la Pte-Neuve.
des Mareillais.	Commerce (du)	Bab-el-Oued.
de la Pte-Neuve.	Commerce (Neuve du)	Bab-Azoun.
de Chartres.	Commerce (bazar)	pl. du Gouvern.
Ptolémée.	Condor (du)	de la Victoire.
Place du Théâtre	Constantine (de)	Mustapha.
de la Marine.	Consuls (des)	Navarin.
des Consuls.	Consuls (passage des)	d'Orléans.
Id.	Consuls (des)	Impasse.
place Bresson.	Corneille	Napoléon.
du Carrefour.	Coq (du)	d'Isly.
Boulabah.	Croissant (du)	de Toulon.
du Tigre.	Cygne (du)	des Mogrebins.
	D	
de la Pte-Neuve.	D'Amfreville	Kléber.
Boulabah.	Darfour	Desaix.
Médée.	Dattes (des)	de la Pte-Neuve.
de l'Empereur.	Delta	de la Casbah.
Sidi Abdallah.	Desaix	Id.
de la Casbah.	Diable (du)	Id.
pl. du Gouvern.	Divan (du)	des Lazaristes.
Id.	Divan (Neuve du)	du Divan.
Bab-el-Oued.	Doria	Jean-Bart.
Id.	Doria (impasse)	Impasse.

TENANTS.	RUES.	ABOUTISSANTS.
	D (suite)	
Salluste.	Druses (impasse des)	Impasse.
Bosa.	Duchassaing (gal.)	Bab-Azoun.
de la Marine.	Duquesne	de la Révolution.
Duquesne.	Duquesne (impasse)	Impasse.
	E	
Napoléon.	Echelle (de l')	Isly.
d'Orléans.	Eginaïs.	des Consuls.
de Tanger.	Egoût (de l')	du Coq.
place Bresson.	El-Acel	Impasse.
Sidi Abdallah.	Empereur (de l')	Sophonisbe.
de la Casbah.	Estrées (d)	des Mogrebins.
Bruce	Etat-Major (de l')	Socgemah.
	F	
Médée.	Farina (impasse)	Impasse.
Pte Constantine.	Fg. Bab-Azoun (du)	place Bresson.
Bab-el-Oued.	Ferruch (Sidi)	Lalahoum.
Sidi-Ferruch.	Ferruch (Sidi) impas.	Impasse.
de l'Aigle.	Flèche (de la)	Bab-Azoun.
Bab-el-Oued.	Fonderie (de la)	du Scorpion.
de Tanger.	Frégate (de la)	d'Aumale.
	G	
Staouéli.	Galiatta (impasse)	Impasse.
des Janissaires.	Gariba	du Palmier.
Annibal.	Gazelle (de la)	de la Casbah.
des Lazaristes.	Gétules (des)	Impasse.
du Lézard.	Girafe (de la)	Kléber.

TENANTS.	RUES.	ABOUTISSANTS.
	G (suite)	
Bab-el-Oued et Marine.	Gouvernement (pl. du)	Bab-Azoun.
Médée.	Grenade (de la)	de la Porte-Neuve
Sidi-Abdallah.	Grue (de la)	des Pyramides.
	H	
Rovigo.	Hamma (du)	Corneille.
Adada.	Hétal (Sidi)	Lahemar.
des Mamelucks.	Héliopolis (d')	d'Alexandrie.
du Commerce.	Hercule (d')	Sidi-Ferruch.
Socgemah.	Hydre (de l')	de la Casbah.
	I	
de l'État-Major.	Intendance (de l')	Boulabah.
Rovigo.	Isly (d')	Porte d'Isly.
d'Isly.	Isly (place d')	au Marché.
	J	
Caton.	Jacob	Synagogue.
du Palmier.	Janissaires (des)	des Vandales.
Navarin.	Jean-Bart	Bab-el-Oued.
Jean-Bart.	Jean-Bart (impasse)	Impasse.
Bab-el-Oued.	Jénina	Socgemah.
Jénina.	Jénina (Neuve)	des Trois-Couleurs
Bruce.	Jénina (impasse)	Impasse.
Nationale.	Jéné (impasse)	Impasse.
faub. Bab-Azoun.	Joinville	Mogador.
pl. du Gouvern.	Juba	de Chartres.
des Lotophages.	Juin (du 14)	Bélisaire.

TENANTS.	RUES.	ABOUTISSANTS.

K

Barberousse.	Katarougil	Akermimout.
de la Pte-Neuve.	Kléber	Sidi-Abdallah.
d'Orléans.	Kourdes (impasse)	Impasse.

L

Lalahoum.	Lahemar	du Scorpion.
de la Casbah.	Lalahoum	Lahemar.
Lalahoum.	Lalahoum	Impasse.
du Lézard.	Lazaristes (des)	Salluste.
Bab-Azoun.	Lasséle (impasse)	Impasse.
de l'Aigle.	Laurier (du)	Bab-Azoun.
de Chartres.	Lézard (du)	de la Girafe.
des Consuls.	Licorne (de la)	du Cheval.
Kléber.	Lion (du)	Kléber.
de la Marine.	Liban (du)	Impasse.
de la Casbah.	Locdor	du Scorpion.
des Consuls.	Lotophages (des)	du 14 juin.

M

Bélisaire.	Macaron	des Numides.
Bab-el-Oued.	Mahon	de la Charte.
de la Charte.	Mahon (impasse)	Impasse.
Bab-el-Oued.	Maléki (Sidi)	Impasse.
d'Alexandrie.	Mamelucks (des)	Ptolémée.
pl. de Chartres.	Mantout (bazar)	Scipion.
de la Casbah.	Mantout (passage)	Socgemah.
Porte de France.	Marine (de la)	pl. du Gouvern.
de la Casbah.	Marmol	Sidi Ramdan.
Bugeaud.	Marché (du)	place d'Isly.
de la Casbah.	Marseillais (des)	du Commerce.
des Marseillais.	Marseillais (des)	Impasse.

TENANTS.	RUES.	ABOUTISSANTS
	M (suite)	
Napoléon.	Malakoff (place	Bruce.
Bab–Azoun.	Marteau (du) (esc. de la pl. de Chartres)	place de Chartres.
Bab-el-Oued.	Martinetti (passage)	Trois-Couleurs.
de Chartres.	Médée	du Rempart.
Médée.	Mer-Rouge (de la)	du Rempart.
de la Marine.	Misipssa	Impasse.
Barberousse.	Mogrebins (des)	Cas. de la Casbah.
des Mulets.	Mogador	Joinville.
place Bresson.	Molière	Napoléon.
du Chêne	Monique	Impasse.
Kléber.	Mont-Thabor (du)	d'Alexandrie.
d'Isly	Mulets (des)	Mogador
	N	
pl. du Gouvern.	Napoléon (bazar)	de Chartres.
Rovigo.	Napoléon (rue)	de la Porte-Neuve.
Bruce.	Napoléon (pl.)	du Soudan.
Bab-Azoun.	Narboni (bazar)	de Chartres.
Philippe.	Navarin	Jean-Bart.
de Chartres.	Nemours (de)	Pompée.
Bab-el-Oued.	Neuve-Mahon	Bruce.
Desaix.	Nil (du)	de l'Empereur.
Macaron.	Numides (des)	des Consuls.
	O	
des Lazaristes.	Orali	Impasse.
de la Porte-Neuve	Oranges (des)	de la Girafe.
de la Marine.	Orléans (d')	place Philippe.
de Chartres.	Orléans (bazar d')	du Divan.
Lalahoum.	Oronte (de l')	Impasse.
des Lotophages.	Osage (des)	du 14 juin.
Sidi Ramdan.	Ours (de l')	desMogrebins.

TENANTS.	RUES.	ABOUTISSANTS.
	P	
de Chartres.	Pasifico (Bazar)	de Chartres.
de Chartres.	Palma	de la Lyre.
Kléber.	Palmier (du)	Annibal.
Duquesne.	Paon (du)	de la Charte.
de la Marine.	Pêcherie (de la)	Quai du Port.
de la Marine.	Pêcherie (place de la) ou Mahon	Mahon.
Bab-el-Oued.	Philippe	d'Orléans.
Philippe.	Philippe (place)	d'Orléans.
Philippe.	Philippe	Impasse.
Philippe.	Philomène (Ste)	Impasse.
de la Casbah.	Pithuises (des)	de la Gazelle.
Médée	Pompée	de la Porte-Neuve
place du Gouvernement.	Porte-Neuve	de la Porte-Neuve
d'Isly.	Poudrière (de la)	Mogador.
de la Victoire.	Ptolémée	des Vandales.
de Thèbes.	Pyramides	du Palmier.
	R	
de la Casbah.	Ramdan	Barberousse.
Regnard.	Regard (du)	de la Casbah.
du Regard.	Regnard	Id.
du Centaure.	Rempart (du)	de la Porte-Neuve.
des Consuls.	Rempart (Neuve du)	sans issue à la mer.
de la Charte	Renaud	d'Orléans.
Bab-Azoun.	René-Caillé	de Chartres.
Bab-el-Oued.	Révolution (de la)	place Philippe.
de la Révolution.	Révolution (de la)	Impasse.
Faub. Bab-Azoun.	Rovigo	aux Tagarins.

TENANTS.	RUES.	ABOUTISSANTS

S

de la Porte-Neuv.	Sabbat (du)	de la Mer-Rouge.
Duquesne.	Sagittaire (du)	de la Charte.
Mahon.	Sahara (du)	Id.
Salluste.	St-Vincent-de-Paul	de la Girafe.
Bab-Azoun.	Sainte	de Chartres.
du Divan.	Salluste	Regnard.
de Chartres.	Salomon (bazar)	Porte-Neuve.
du Sphinx.	Sarrasins (des)	du Delta.
de la Marine.	Sauterelles (des)	Mahon.
du Locdor.	Scorpion (du)	de la Fonderie.
Bab-Azoun.	Scipion	de Chartres.
Akermimout.	Sélim	Impasse.
Kléber.	Sidney-Smith	Porte-Neuve.
de la Girafe	Silène	Impasse.
de la Marine.	Sinaï	de la Marine.
Id.	Sinaï	Impasse.
Charles-Quint.	Socgemah	Boulabah.
Philippe.	Soleil (du)	Impasse.
Desaix.	Sophonisbe	de la Casbah.
place du Gouver-nement.	Soudan (du)	Salluste.
Id.	Soudan (Neuve du)	place Malakoff.
d'Orléans.	Soultberg	de la Charte.
Annibal.	Sphinx (du)	des Abencérages.
du Centaure.	Staouéli	du Centaure.
Desaix.	Staouéli	des Lazaristes.

T

Rovigo.	Tanger (de)	du Marché.
d'Isly.	Tanneurs (des)	d'Isly.
de la Gazelle.	Taureau (du)	de la Victoire.
des Lotophages.	Taverne (de la)	Bélisaire.
Sidi Abdallah.	Thèbes (de)	Annibal.

TENANTS.	RUES.	ABOUTISSANTS.
	T (suite)	
Rovigo.	Telemly	Fortifications.
Sidi Ramdan.	Tigre (du)	des Mogrebins.
d'Isly.	Tivoli (de)	Bugeaud.
Socgemah.	Toulon (de)	de la Casbah.
Annibal.	Tombouctou	de la Casbah.
Bab-el-Oued.	Tourville	de la Révolution.
Philippe.	Traversiére	des Consuls.
place de la Pê-cherie.	Trois-Couleurs (des)	de la Révolution.
	U	
Caton.	Utique (d')	Impasse.
	V	
d'Isly.	Vallon (du)	Mogador.
de la Gazelle.	Vandales (des)	d'Héliopolis.
d'Isly.	Varennes	Fortifications.
Faub. Bab-Azoun.	Verte	à la mer.
de la Porte-Neuv.	Victoire (de la)	de la Casbah.
Place du Gouvernement.	Vieux-Palais	Neuve-Mahon.
Lahemar.	Villegagnon	du Scorpion.
d'Isly.	Violette (de la)	de la Poudrière.
	X	
des Vandales.	Ximénès	Gariba.
	Z	
de la Porte-Neuv.	Zama	Kléber.
de la Girafe.	Zaphira	Caton.
de l'Ours.	Zouaves (des)	Sidi Ramdan.

COMMISSARIATS DE POLICE.

1ᵉʳ ARRONDISSEMENT, rue du Commerce, 6.
2ᵉ   —   rue de la Casbah, 56.
3ᵉ   —   rue de Nemours, 36.
4ᵉ   —   au bassin de Mustapha-Inférieur.
5ᵉ   —   à Bab-el-Oued, près l'hôpital du Dey
6ᵉ   —   à Kouba.

Le 4ᵉ arrondissement comprend l'Agha, à partir de la porte d'Isly, Mustapha-Inférieur et Supérieur, tout le côté gauche de la route après la porte du Sahel, le fort l'Empereur, etc., etc.

Le 5ᵉ arrondissement comprend le faubourg Bab-el-Oued, St-Eugène, Pointe-Pescade, la Boudzaréah, El-Biar, place Bab-el-Oued Jardin-Marengo, toute la partie en dehors des anciens remparts, la prison civile, la partie en dehors des nouveaux remparts et le côté droit de la route en allant à El-Biar.

Le 6ᵉ arrondissement comprend la Rassauta, Kouba et Birkadem. Le commissaire de police réside à Kouba ; un inspecteur et un agent sont placés à la Rassauta. Il y a un agent à Hussein-Dey et un autre à la Maison-Carrée.

JUSTICES DE PAIX.

CANTON NORD D'ALGER.
Rue Jean-Bart, 6.
Audiences : mercredi et vendredi, à 8 heures.

CANTON SUD D'ALGER.
Rue Jean-Bart, 6.
Audiences : mardi et samedi, à 8 heures.

TRIBUNAL DE SIMPLE POLICE.
Rue Jean-Bart, 6.
Audiences : le jeudi, à 8 heures.

GOUVERNEMENT GÉNÉRAL

S. Exc. le Maréchal Pelissier, duc de Mala-koff, G. C. ✻, Membre du Conseil privé, Vice-Président du Sénat, Gouverneur-Général de l'Algérie.

M. le général de division E. de Martimprey, G. O. ✻, Sous-Gouverneur.

DIVISION.

M. le général de division Yusuf, G. C. ✻, com-mandant la Division d'Alger.

ADMINISTRATION CIVILE.

M. Mercier-Lacombe, C. ✻, Directeur-Général des Services Civils, Préfet d'Alger.

ADMINISTRATIONS DIVERSES
et
ÉTABLISSEMENTS PUBLICS

Nota : Pour faciliter les recherches, on a rangé dans l'ordre alpha-bétique les différents services et établissements.

ACADÉMIE D'ALGER. — Rue Bab-Azoun, 11.

ARTILLERIE. — Commandant supérieur. — Rue Jean-Bart, 6.

ARTILLERIE. — Direction. — Rue Jean-Bart, 7.

BANQUE DE L'ALGÉRIE. — Rue de la Marine, 19.

BATIMENTS CIVILS. — Rue du Lézard, 4.

BIBLIOTHÈQUE D'ALGER. — Palais Mustapha, rue de l Etat-Major.

BUREAU CIVIL DE LA DIVISION. — Rue du Hamma, 5.

BUREAU DE BIENFAISANCE.— Rue de Nemours, 15 et 17.

BUREAU DE BIENFAISANCE MUSULMANE. — Rue du Croissant, 20.

BUREAU POLITIQUE. — Rue Joinville, 13.

CAISSE D'EPARGNE. — Hôtel-de-Ville.

COLLÉGE ARABE-FRANÇAIS. — Place d'Isly.

CONSEILS DE GUERRE. — Rue Scipion, 3.

CONSISTOIRE CENTRAL ISRAÉLITE.— Rue Nemours, 14.

CONSISTOIRE CENTRAL PROTESTANT. — Rue Palma, 2.

CONTRIBUTIONS DIVERSES. — Direction. — Rue Neuve-Mahon, 2.

CONTRIBUTIONS DIVERSES. — Recette. — Rue Saint-Vincent-de-Paul, 10.

CONTRIBUTIONS DIVERSES. — Recette de la Banlieue. — 2ᵉ impasse Napoléon, 2.

COUR IMPÉRIALE. — Rue Bruce.

DIRECTION GÉNÉRALE DES SERVICES CIVILS. — Rue de la Charte, 5.

DISPENSAIRE. — Rue Staouëli.

DIVISION MILITAIRE. — Hôtel du général. — Rue de Chartres.

DIVISION MILITAIRE. — Bureaux de l'État-Major. — Rue Socgemah.

DIVISION MILITAIRE.—Bureau civil.—Rue du Hamma, 5.

DOUANES. — Direction. — Rue Bab-Azoun, 11.

ÉCOLE ARABE-FRANÇAISE. — Rue Porte-Neuve, 39.

ÉCOLE COMMUNALE DES ARTS-ET-MÉTIERS. — Rue Bab-el-Oued, 10.

ÉCOLE DE MÉDECINE ET DE PHARMACIE. — Rue Réné-Caillé, 4 bis.

ENREGISTREMENT ET DOMAINES. — DIRECTION. — Rue Neuve-du-Soudan, 4.

ENREGISTREMENT.— HYPOTHÈQUES.— Rue du Laurier, 5.

ENREGISTREMENT. — ACTES CIVILS. — Rue Boutin, 7.

ENREGISTREMENT. — ACTES JUDICIAIRES. — Rue Napoléon, 6.

ENREGISTREMENT. — ACTES EXTRA-JUDICIAIRES. — Rue Rovigo, 15.

ENREGISTREMENT. — RECETTE DES DOMAINES. — Rue Traversière, 6.

ENREGISTREMENT. — RECETTE DES AMENDES. — Rue du Cheval, 4.

ENREGISTREMENT. — TIMBRE EXTRAORDINAIRE. — Rue Neuve-du-Soudan, 4.

ÉTABLISSEMENTS HIPPIQUES. — DIRECTION. — Rue Mogador.

ÉTABLISSEMENTS HIPPIQUES. — INSPECTION GÉNÉRALE. — Rue Joinville.

ÉVÊCHÉ. — Place Bruce, 30.

EXPOSITION PERMANENTE DES PRODUITS DE L'ALGÉRIE. — Rue Bab-Azoun.

FORÊTS. — Rue d'Isly, 4.

GENDARMERIE. — CABINET DU COLONEL. — Rue de Tanger, 14.

GÉNIE. — COMMANDEMENT SUPÉRIEUR. — Rue Philippe, 3.

GÉNIE. — DIRECTION DES FORTIFICATIONS. — Impasse des Lotophages.

HOPITAL CIVIL D'ALGER. — A Mustapha.

INTENDANCE MILITAIRE. — BUREAU CENTRAL. — Rue de l'Intendance, 4.

LAZARET. — (PRISON). — A l'Agha.

LYCÉE IMPÉRIAL. — Place Bresson.

MAIRIE D'ALGER. — Rue Bruce

MILICE. — ÉTAT-MAJOR. — Place Bresson.

MINES. — BUREAUX DE L'INGÉNIEUR EN CHEF. — Rue des Consuls, 7.

MONT-DE-PIÉTÉ. — Place d'Isly.

MUSÉE. — Palais Mustapha, rue de l'Etat-Major.

OBSERVATOIRE. — A El-Biar.

ORPHELINAT DE LA MISÉRICORDE. — Rue Boutin.

OUVROIRS MUSULMANS. — Rue de Toulon, 5 et rue Abdérhame.

PARQUET DU PROCUREUR GÉNÉRAL. — Rue Socgémah, 11.

PARQUET DU PROCUREUR IMPÉRIAL. — Rue de l'Intendance.

POIDS ET MESURES. — Rue des Marseillais.

POLICE CENTRALE. — BUREAUX. — Rue de l'Etat-Major.

PONTS ET CHAUSSÉES. — BUREAUX. — Rue Neuve-Mahon, 2.

POSTES. — INSPECTION. — Place Bruce.

POSTES (HÔTEL DES). — Rue Bab-Azoun.

PRÉFECTURE. — Rue Soultberg.

PRISON CIVILE. — A la Casbah.

RECETTE MUNICIPALE. — A la Mairie.

REFUGE MUSULMAN. — Rue des Pyramides, 5.

TABACS. — DIRECTION. — Rue d'Isly, 31.

TOPOGRAPHIE. — Rue de la Marine, 9.

TÉLÉGRAPHES. — INSPECTION. — Rue des Consuls, 9.

TÉLÉGRAPHES. — TRANSMISSIONS. — Rue de la Marine.

TRÉSOR. — Rue Bab-Azoun, 12.
TRIBUNAL CIVIL. — Rue de l'Etat-Major.
TRIBUNAL DE COMMERCE. — Rue d'Orléans.

SERVICE DES POSTES.

—

DÉPART DES COURRIERS.

DESTINATION.		JOURS.	HEURES.
Ligne d'ORAN.	Par mer..	1 et 20 chaque mois.	8 h. soir.
	Par terre.	Tous les jours.	6 h. soir.
Ligne de CONSTANTINE	Par mer..	Le mardi de chaque semaine.	10 h. matin.
	Par terre.	Lundi et jeudi.	8 h. soir.
ARBA		Tous les jours.	6 h. matin.
AUMALE....................		Lundi, jeudi, samedi.	8 h. soir.
BLIDAH.	1er envoi	Tous les jours.	7 h. 30 m.
	2e envoi		1 h. soir.
	3e envoi		6 h. soir.
COLÉAH.	1er envoi	Tous les jours.	6 h. matin.
	2e envoi		2 h. soir.
DELLYS		Tous les deux jours.	5 h. matin.
DOUÉRA....................		Tous les jours.	3 h. 30 soir
FONDOUCK.................		Tous les jours.	2 h. soir.
REGHAIA		Tous les jours.	5 h. matin.
TIZI-OUZOU		Tous les deux jours.	5 h. matin.

PAQUEBOTS DE LA MÉDITERRANÉE

—

Départs d'Alger à midi.

Mardi et Samedi par les MESSAGERIES IMPÉRIALES.
Jeudi par la COMPAGNIE TOUACHE.
Mercredi par la LANGUEDOCIENNE.

CHEMINS DE FER ALGÉRIENS
LIGNE D'ALGER A BLIDAH

TRAINS S'ÉLOIGNANT D'ALGER.

GARES.	1 OMNIBUS	3 MIXTE	5 OMNIBUS	PRIX DES PLACES 1re	2me	3me
	matin	soir	soir	fr. c.	fr. c.	fr. c.
ALGER............	7 30 m	1 » m	6 » m			
Hussein-Dey.......	7 40	1 12	6 10	» 80	» 65	» 40
Maison-Carrée	7 50	1 27	6 19	1 50	» 95	» 65
Gué de Constantine	8 2	1 44	6 31	1 90	1 45	1 »
Birtouta..........	8 23	2 13	6 52	3 40	2 65	1 75
BOUFARIK.......	8 44	2 42	7 13	4 85	3 80	2 50
Beni-Mered........	9 5	3 15	7 34	5 70	4 50	3 »
BLIDAH. (Arrivée).	9 21	3 40	7 50	6 60	5 15	3 45

TRAINS SE RAPPROCHANT D'ALGER

GARES.	2 OMNIBUS	4 MIXTE	6 OMNIBUS	PRIX DES PLACES 1re	2me	3me
	matin	soir	soir	fr. c.	fr. c.	fr. c.
BLIDAH. (Départ).	6 30 m	1 5 m	4 55 m			
Beni-Mered.......	6 41	1 19	5 6	1 75	1 35	» 95
BOUFARIK.......	6 56	1 41	5 28	3 20	2 50	1 70
Birtouta..........	7 19	2 16	5 45	4 70	3 60	2 45
Gué de Constantine	7 39	2 45	6 6	5 40	4 20	2 80
Maison-Carrée....	7 51	3 2	6 18	5 80	4 50	3 05
Hussein-Dey......	8 1	3 17	6 28	»	»	»
ALGER. (Arrivée).	8 13	3 34	6 40	6 60	5 15	3 45

SERVICE TÉLÉGRAPHIQUE

Bureaux ouverts en Algérie : Alger, Arzew, Aumale, Batna, Sidi-Bel-Abbès, Biskara, Blidah, Boghar, Bône, Bordj-bou-Arréridj, Bordj Napoléon, Bougie, La Calle, Cherchell, Constantine, Dellys, Djelfa, Djidjelli, Dra-el-Mizan, Guelma, Jemmapes, Lagouath, Lalla-Maghnia,

Marengo, Mascara, Médéah, Mers-el Kebir, Miliah, Milia-nah, Mostaganem, Nemours, Oran, Orléansville, Philip-peville, Saint-Denis-du-Sig, Sétif, Soukarras, Ténès, Tizi-Ouzou, Tlemcen. •

Bureaux ouverts en Tunisie : Tunis, Bardo, Kef, La Goulette, Sousse, Sfax.

TARIFS.

Pour les bureaux de la province d'Alger, 1 franc par dépêche de 20 mots. 50 centimes par chaque dizaine de mots excédante.

Pour les bureaux des provinces d'Oran et de Constan-tine, 1 fr. 50 cent. par dépêche de 20 mots. 75 centimes par chaque dizaine de mots excédante.

Pour les bureaux tunisiens, 2 fr. par dépêche de 20 mots. 1 franc par dizaine de mots excédante.

VOITURES PUBLIQUES.

Messageries Générales. Place du Gouvernement.
— Coléah, Médéah, Milianah, Cherchell, Orléansville, Ténès, Relizane, Mostaganem, Oran, Tlemcen, Mascara.
Diligence de l'Arbah. Place du Gouvernement, café Psaëla.
Diligence de l'Alma. Place Bresson, maison Vialar.
— de Douéra. Place du Gouvernement, maison Psaëla.
Diligence du Fondouck. Place Bresson.
— d'Aumale. Place du Gouvernement, café Oli-vier.
Diligence de Sidi-Ferruch. Place du Gouvernement, café Olivier.
Diligence de Crescia. Place du Gouvernement, café du Sahel.
Diligence de Blidah, Place du Gouvernement. Café Olivier.

TARIFS DES CORRICOLOS-OMNIBUS.

—

LIGNE DE MUSTAPHA-INFÉRIEUR.

	fr.	c.
A l'Agha, angle des deux routes	»	15
Au Champ de Manœuvres.	»	20
Au Restaurant Belcourt, Marabout (Cimetière maure).	»	30
Au Jardin d'Essai.	»	40
Au Ruisseau.	»	45
Au Pont d'Hussein-Dey.	»	45

LIGNE DE MUSTAPHA-SUPÉRIEUR.

Au Chemin du Sacré-Cœur.	»	25
A l'Eglise de Mustapha.	»	40
A la Colonne Voirol.	»	50

LIGNE DU FRAIS-VALLON, SAINT-EUGÈNE, POINTE-PESCADE.

Au Pont Laugier	»	20
Au Rond-Point, au-dessus de la Poudrière	»	25
Au Moulin Léo.	»	40
Au Moulin de l'Oued.	»	20
A l'Hôpital du Dey.	»	20
A la Salpétrière	»	20
A Saint-Eugène	»	25
A la Pointe-Pescade	»	40
Derrière l'Hôpital du Dey au pied de la montée. . .	»	70

EL-BIAR ET BOUZARÉAH.

Au Pont du Beau-Fraisier.	»	25
Au Moulin, sous le Fort-l'Empereur.	»	45
Au Village d'El-Biar.	»	60
Au Bivouac des Indigènes.	»	75
A Ben-Aknoun.	»	90
Au grand Bassin de Ben-Aknoun.	1	00
A l'Eglise de la Bouzaréah	1	10

VOITURES DE PLACE.

Stations : Places Mahon et Bresson.

PRIX DE LA COURSE.

Bab-el-Oued, jusqu'au chemin de ronde derrière l'hôpital du Dey.
— La ville basse jusqu'à la hauteur de la rue Napoléon et jusqu'au
Caroubier du jardin Marengo. — Les deux faubourgs. — **1 Franc.**
La ville haute jusqu'à la porte du Sahel. — **2 Francs.**
En dehors de la ville, la course est supprimée.
L'heure est fixée à **2 francs.**

Le pont d'Hussein-Dey. — Le Ruisseau, jusqu'au Retour de la
Chasse. — Saint-Eugène. — Retour de la Pêche. — Mustapha-Supérieur, devant l'église. — Frais-Vallon jusqu'à la maison Pier-
son. — Pont du Beau-Fraisier.

Le retour à vide est gratuit dans la zone bornée par les points
sus-indiqués.

En dehors de cette zone, le prix de retour à vide est fixé à **1 franc**
en sus.

CORPS CONSULAIRE.

MM. CHURCHILL, ✹, Consul Général d'Angleterre, rue Joinville, 8.

DE ZUGASTI, C. ✹, Consul Général d'Espagne, r. de la Fonderie, 6.

SAN-AGABIO, Consul Général d'Italie, rue d'Isly, 4.

DE Ste-HERMINE, O. ✹, Consul Général de Suède, Norwége et
Danemark, rue d'Isly, 23.

COUPUT, Consul Général d'Autriche, rue de Tanger, 18.

BOUNEVIALLE ✹, Consul de Belgique, rue des Consuls, 2.

ZIGOMALA,   id. de Grèce, rue de Tanger, 16.

STUCKLÉ,   id. de Hollande, passage Martinetti.

RAVAN   id. du Portugal et du Brésil, rue de la
Charte, 23.

HOSKIER   id. de Prusse, aux Messageries Impériales,
quai de la Pêcherie.

BIELER,   id. de la Confédération suisse, rue des
Trois-Couleurs.

HONTZ,   id. des Villes anséatiques, imp. Jenné, 4.

MELCION D'ARC, ✹, id. des Etats-Romains, rue du Locdor, 20.

OFFICIERS MINISTÉRIELS

—

DÉFENSEURS PRÈS LA COUR IMPÉRIALE

MM. QUINQUIN, impasse Cléôpatre.
BOURIAUD, impasse Mahon, 2.
GENELLA, rue de la Licorne, 5.
SABATÉRY, rue Cléopâtre, 1.
CHABERT-MOREAU, rue Bab-Azoun, 21.
JOURNÈS, rue de l'Arc, 2.
BARBERET, ✳, rue Bab-el-Oued.

DÉFENSEURS PRÈS LE TRIBUNAL DE 1re INSTANCE.

MM. FLORENS. bazar du Commerce.
BAUDRAND, passage Martinetti, 1.
BLASSELLE, ✳, rue Bab-Azoun. 1.
LADRIX, rue de l'Etat-Major, 1.
HURÉ-D'APREMONT, rue de la Marine, 9.
CRANNEY, rue de la Flèche, 4.
CHATEL, rue d'Orléans, 3.
TRECH, rue Bab-el-Oued, 5.
BORDET, rue du Divan.
CASTELLI, rue Bruce. 7.

NOTAIRES.

MM. AUGER, ✳, rue Neuve-Jénina, 1.
DOUBLE, rue Mahon.
PORCELLAGA, 2e rue Bosa.
MARTIN, rue du Divan, 2.
LEBAILLY, rue de la Flèche, 1.
DIDIER, place du Gouvernement.
GENELLA, place de Chartres.
LAS AYGUES, rue Bosa, 1.

COMMISSAIRES PRISEURS.

MM. DEMOLINS, rue Bab-Azoun.
DYVRANDE, place de Chartres.
BLASSELLE, rue Bab-Azoun.
BILLETTE, rue Réné-Caillé, 9.

HUISSIERS.

MM. SERAIN, rue des Trois-Couleurs, 21.
GAILLARD, passage Martinetti, 1.
GARREAU, rue Duquesne, 21.
BASTARD, rue Bruce.
DURAND, bazar du Commerce..
BUNEL, rue Vieille-Jénina, 1.
DUFAU, bazar du Commerce.
BAILLE, rue Mahon, 14.
BURGALIÈRES, rue des Sauterelles, 2.
THIBAULT, rue Cléopâtre.
PARODI, place Bruce.
LOISELEUR, place du Soudan, 1.

AVOCATS,

MM. ROZIER, rue Bleue.
CARIVENC, rue Socgemah, 1.
WUILLERMOZ, rue Brueys, 6.
DAZINIÈRES, rue Bab-Azoun.
POIVRE, place Bruce.
ROBE, rue Sainte, 1.
ALLIER, rue Bosa, 1.
GASTU.
GUÉRIN, rue Duquesne, 11.
JOLY, passage des Consuls.
LOURDEAU.
ANDRIEUX, rue Brueys, 6.
DUBOIS, passage Boutin.

COURTIERS.

MM. GENTILI, rue de la Marine.
CHERFILS, rue de la Marine, 10.
ROUSTAN, rue Bab-el-Oued, 22.
KUHLMANN, rue de la Marine, 17.
VERNIER, rue de la Marine, 17.
CHOLAL-PATAQUA, impasse Silène, 7.
CHAPUY, rue de la Marine, 11.
Lazzeri, rue de la Marine, 21.
HAGELSTEEN aîné, rue Cléopâtre, 2.
NEILSON, rue de la Marine, 18.
SAUNIER, rue la Marine, 13.
GAUBERT. place Duquesne.
LEVY-VALENSIN, rue Bab-Azoun, 27.
BARSANTI, rue Cléopâtre, 2.
BAVASTRO, rue Mogador, 19 bis.
BRU, rue Bugeaud, 9.
BOURON, rue Doria, 9.
SARRAZIN, rue de la Marine, 20.
HAGELSTEEN cadet, rue d'Orléans.
LYON, arbitre de commerce, rue d'Orléans.

BANQUIERS.

MM. BEN MARABET, rue Neuve-Mahon.
FRANQUEVILLE et Cʳ, rue Neuve-du-Commerce.
GUGENHEIM ISAAC, impasse Boutin, 2.
GUGENHEIM LEHMAN, impasse Boutin, 2.
FIÉVÉE et Cʳ, rue René-Caillé
LECOQ ET Cᵃ, rue Boutin, 16.
OUVRIER FILS et Cᵒ, rue Napoléon, 2ᵉ impass.
REY ET Cᵉ, rue Juba.
ROURE, rue Bab-Azoun.

CHANGEURS.

MM. CASTERAS frères, r. Cléopâtre, près le café d'Appollon

ESCOMPTEURS.

MM. CHOUQUET, rue de l'État-Major, 4.
MEYER-CHICHE, impasse du Lézard, 22.
PELOUX, rue Mogador, 26.

MÉDECINS.

MM.

AGNELY, rue Napoléon, 26.
ALCANTARA, rue d'Orléans, 9.
ANDREINI RINALDO, rue de Char-
tres, 27.
BARBIER, rue Tourville, 4.
BÉNAZET, rue Bab-el-Oued.
E. BERTHERAND, rue Bruce, 7.
BORGUÉS, rue Bab-el-Oued.
BONELLO CALCIDONIO, rue Boutin.
CADNET, rue Blanchard, 3.
CALLAWAY, F. R. S. England, rue
du Hamma, 12.
DU CHAMBON, rue Rovigo, 9.
COLLARDOT, rue de la Marine.
CORTICHIATO, rue Réné-Caillé.
DRU, rue Doria, 1.
FAURE, rue Cléôpatre, 2.
FERRUS ✳, rue d'Isly, 23.
FEUILLET, rue Napoléon, 62.
FREY, rue Reuve-Mahon, 2.

FRISON, place Malakoff, 4.
GAME, rue Napoléon.
GEMY, rue Rovigo, 16.
GROS, rue Napoléon, 62.
JORRO FUSTER, rue Bab-el-Oued.
JOUANAS, rue Sidi-Ferruch, 3.
MARTIN ✳, passage Martinetti, 1.
MARTINEZ, rue Scipion, 3.
MAURIN, rue Jénina, 3.
MEUNIER, rue Bab-el-Oued.
MIGUÉRÉS, rue Médée.
MIGUÉRÉS jeune, rue Napoléon, 24
NEGRIN ✳, rue du Sagittaire, 2.
ROMANA, rue de l'État-Major, 17.
SANTELLI ✳, rue Doria, 9.
TEXIER, rue de Chartres, 9.
TROLLIER ✳, rue Bab-Azoun.
VINCENT, rue d'Isly.
WAHU, rue Joinville, 8.
WOLTERS, bazar du Commerce.

LOGES MAÇONNIQUES

MM. ROUGÉ ✳, vénérable de la Loge Bélisaire d'Alger,
rue Sainte, 3.
GAY, conducteur des ponts-et-chaussées, président
de la Loge des Frères du Sahel à Douéra.

SOCIÉTÉ PHILHARMONIQUE

Orphéon d'Alger : M. SALVADOR DANIEL, Directeur, rue
Rovigo, 18.

ALGER. — TYP. ÉD. BALME ET

ALGER. — IMPRIMERIE ED. BALME ET Cie